KB271585

모르쇠 선생님과 빨래터 제자들

모르쇠 선생님과 빨래터 제자들

2011년 8월 20일 인쇄
2011년 8월 25일 발행

지은이 : 유 병 철
펴낸이 : 김 송 희
펴낸곳 : 자 료 원

우편 : 405-110
주소 : 인천광역시 남동구 간석4동 607-12(2F)
전화 : (032)463-8338(대표)
팩스 : (032)463-8339(전용)

홈페이지 :　www.jmg.kr(출판그룹 JMG)
　　　　　　www.olinews.com(온라인인물뉴스)

출판등록　제42호(1992. 11. 18)
ISBN　978-89-85714-93-8　　03370

※ 책값은 뒷표지에 기록되어 있습니다

모르쇠 선생님과 빨래터 제자들

색소폰 부는 명품인간 조련사의 공교육 개똥철학

사교육 시장 33조 원 시대, 학교는 사교육에 지친 학생들에게 교실을 대여하는 숙박업소인가? 고만고만한 또래들에게 머리 기르고 사복입고 여자 친구 만나며 어른흉내 내는 놀이장인가? 사교육 시장 앞에 고개 숙인 공교육 부활을 위해 학생들과 함께 딩굴며 색소폰 부는 유병철 교장의 공교육 개똥철학이 중고등학교 자녀를 둔 학부모…

유 병 철 지음

자료원

| 저자의 말 |

3막 중 2막의 장막이 드리워진다

나는 누구였나?
혼이 담긴 역할을 했는가.
이 시간 숨을 가다듬고 뒤돌아봅니다.

내 역할이 선이었던가, 악이었던가?
독은 되지 않았나?
밑줄 친 대본을 들척여 봅니다.

떠나는 저 사람의 역할은 무엇이었나?
우리 마음 속에 남긴 것은 무엇인가?
감동인가! 분노인가! 자책인가!
객석에서 배우의 등을 보며 한 마디씩 합니다.

내용 없는 환타지에 NG감은 아니었는지?

내 역할이 이랬으면 좋으련만!
울림이 있었다.

제 역할 한 배우였다.
나와 함께 한 이들 중 누군가의 마음에 자리하여
내 낡은 밑줄 친 대본을 들추었으면…….

오늘,
장막 속으로 떠나는 배우가
힐긋,
관객의 반응을 살핍니다.

보잘 것 없는 역할이지만
밑줄 친 대본을 손에 꼭 쥐고 있습니다.

가자! 3막으로…….

2011년 7월 26일
계양고등학교에서 유 병 철

* "우리한테 보내는 글 모으세요?"하고 메일을 보내준 박혜경 선생님의 한 마디가
이 책을 엮게 된 씨가 되었습니다.

사랑의 위대함과 우리 교육의 현실을 담은 책

류 원 규
(전, 인천관교여자중학교 교장)

1998년 그해에도 집중폭우로 강화 읍내의 저지대 집들이 모두 떠내려가고 물이 넘쳐 온전한 집이 없을 정도였습니다. 그 무렵 교동중·고등학교에 9월 1일자로 부임하면서 지역 인심이 나빠지면 어쩌나 하는 우려의 심정으로 배에 몸을 기대고 교동도로 건너갔습니다. 하지만 그곳은 육지와 달라 물 빠짐이 좋아 평온하기 그지없었습니다. 다행으로 생각했습니다.

나와 유병철 교장선생님은 교동도 섬 학교인 교동중·고등학교에서 처음 만나게 되었습니다. 우리들의 만남은 필연적인 만남이라고 할 수 있습니다. 그렇기 때문에 우리는 섬 지방의 학생들을 위한 지도력과 열정이 주민들(학부모)에게 대하여 떳떳하다고 이야기할 수 있는가? 또한 우리는 역사에 대하여 한 점 부끄러움도 없이 당당하게 미래를 맞을 준비가 되도록 교육을 하고 있는가? 항상 이런 문제로 함께 고민하면서 한지붕 밑에서 생활하면서 우리 교육계가 안고 있는 크고 작은 문제를 논의하며, 학생들의 학력 향상을 위한 노력으로 그 어느 해보다 바쁘게 보낸 시간이었습니다.

교동중·고등학교에 부임 당시는 새 정권과 IMF의 시작이었고, 정권이 바뀌면 예외 없이 터져 나오는 것은 교육의 개혁이라 하여 원칙과 방향이 변경되고, 사정 바람이 한바탕 몰아쳐 교원의 권위와 인격을 짓밟아버리는 등 힘없이 소용돌이 속에 휘말려 혼선을 빚고, 우리 교육계의 교원들은 많은 고뇌를 안은 채 그 시절을 지나왔습니다.

그리고 새로운 교육제도의 도입으로 갈등이 야기될 때마다 교원들은 미래 한국의 교육을 생각해야 하는 번민이 하루 이틀이 아니었습니다. 우리 정부의 현실과 우리 교육의 현실을 비례로 되돌아보면서 우리들은 서로 이마를 맞대고 고민하면서 한계를 느끼기도 하였습니다.

하지만 이런 가운데서도 유병철 교장선생님을 만나 12년 동안 깊은 인연을 맺고 인천 교육의 발전을 위해 함께 노력해 온 것을 나 자신 보람 있게 생각합니다. 그리고 교육에 관한 넓고 높은 철학을 용기있게 표출하며, 헌신하여 온 유병철 교장선생님이 이제 34년간 몸 바쳐 오게 된 것은 국가적으로 퍽 다행한 일이 되었습니다. 이제 정년퇴임으로 교육현장을 떠나게 되었으나 유병철 교장선생님이 교육에 기대하는 이상론은 교육계의 귀감이 될 것입니다.

유병철 교장선생님은 투철한 교육관을 지닌 분으로 교육현장에 그대로 구현하고자 행동으로 보여주는 실천가이며 업무처리에 있어서는 냉철하면서도 인간적인 외유내강형입니다. 학생들을 대하여는 사랑이 충만하고, 정의에 강하여 옳은 길로 갈 수 있도록 하는 모범적인 안내자였습니다. 초년의 교사로부터 성장하여 관리자가 되어서도 한결 같아서 한쪽으로 치우침 없이 공정하고 바르게 업무를 처리하는 지혜로운 성품을 지녔고, 성실, 믿음, 책임 앞에 인간다운 행동으로 따뜻한 가슴을 지닌 분이다. 그리고 미래지향적인 교육의 정착과 소통 중심의 학교경영의 정착, 타의에 의한 학교교육이 아니라 능동적이고 자율적으로 올바른 교육이 이루어지기를 바라는 바른 교육자의 한 사람이었습니다.

이번에 유병철 교장선생님이 출간하는『모르쇠 선생님과 빨래터 제자들』은 우리 교육계의 후배들에게 모델이 될 수 있는 사실들을 보여주는 귀중한 생각의 모음이라 믿습니다. 그리고 유병철 교장선생님이 20대에서 60대까지 평생을 받쳐온 인생 역정과 교단 이야기들이 미래를 열어갈 수 있는 우리 시대 교육계의 고뇌와 희망을 보여주고 있습니다.

지금의 교육현장은 심한 갈등과 분열을 낳아 마침내 학교교육 불신주의, 교육의 허무주의라고 하는 비참한 결과를 초래하고 있습니다. 요즈음에는 '교실이 무너지고 있다!' '학교가 무너지고 있다!' 라고 말하고 있습니다. 이러한 때에 이 글을 통하여 그 해법을 제시하고 있습니다. 이번 퇴임에 즈음하여 그간의 행적을 기록으로 남기게 된 것은 유병철 교장선생님의 '교육에 대한 애정 어린 마음의 표현' 이라고 할 수 있습니다.

　이제 학교는 국민이 기대하는 그 본래의 기능을 발휘해야 합니다. 그러기 위해 우리 교육계는 유병철 교장선생님과 같은 자세로 교육계에 걸맞은 진정으로 미래의 교육을 염려하고 걱정하는 자세로 교육활동을 할 것을 요구하여야 합니다.

　이번에 출간하는『모르쇠 선생님과 빨래터 제자들』은 유병철 교장선생님의 진면목을 다시 한 번 바라보면서 진정으로 우리 교육이 타율에서 자율로, 또 창의와 개척과 진취의 기상이 넘치고, 따뜻하면서 사랑이 넘치는 교육의 장으로 전환하는 계기를 마련하는 데 경종이 되어 줄 것을 기대해 봅니다.

　아울러 유병철 교장선생님의 독창적인 교육적 철학의 사고 과정이 한 권의 책으로 출간되는 것을 진심으로 축하드립니다.

교육을 함께 해온 벗

진실한 교육의 주춧돌 하나

정 승 열
(시인, 인천문인협회 회장)

유병철 교장의 교단 에세이 『모르쇠 선생님과 빨래터 제자들』의 출간을 축하합니다. 아마도 유병철 교장과 대화를 해오던 사람들은 글을 읽으면서 유병철 교장이 평소에 해오던 말을 그대로 글로 옮겼다는 사실을 알게 될 것입니다.

이 글은 단순히 주장을 담은 글이 아닙니다. 교육에 대한 어떤 비판과 주장을 내세우기는 쉽습니다. 그러나 자기의 신념을 그대로 실천하기는 쉽지 않은 일입니다. 이 글은 유병철 교장의 교육적 신념을 실천한 글입니다. 그래서 더 가슴에 와 닿습니다.

유병철 교장은 주변에 친구가 많은 분입니다. 그러면서도 대립관계나 반목하는 분이 없는 사람입니다. 언뜻 무골호인인가 생각하실지 모르지만, 아주 억센 뼈다귀를 속에 품고 있는 사람입니다. 또 싸우기도 잘하고, 분개하는 일이 많습니다. 그런데도 주변 사람들은 유병철 교장을 나쁘게 이야기하는 사람이 거의 없습니다. 참으로 신기한 일이지요.

유병철 교장을 처음 만난 것은 교동고등학교에 근무할 때였습니다. 섬 생활이라 여러 가지 여건이 어려워 힘들어 할 때 유병철 교장이(당시에는 교사) 선생님들에게 힘을 북돋아 주고 격려를 해 준 덕에 모두들 어려움을 잘 이겨냈던 추억이 있습니다.

교육 34년을 정리하면서 책을 한 권 내보겠다고 연락이 왔을 때 나는 아마도 시집을 내려나 보다 라고 생각했었습니다. 왜냐하면 가끔 내게 보내오는 글 중에는 시도 몇 편이 들어 있었는데, 생각보다도 아주 잘된 시들이 있었기 때문에 '이차에 아주 시인으로 나서려는 모양이다.' 라고 지레 짐작했던 것이지요.

그런데 보내온 원고를 보니 교단을 지키며 지내온 34년, 사건과 융합되어 자신의 신념을 이끌어온 역사가 깊은 감동으로 다가왔습니다. 어줍지 않은 시집보다 훨씬 나은 에세이집이 되겠구나 생각했습니다.

다시 한 번 교육에세이집 출간을 축하하며 앞으로 문운이 함께 하기를 기원합니다.

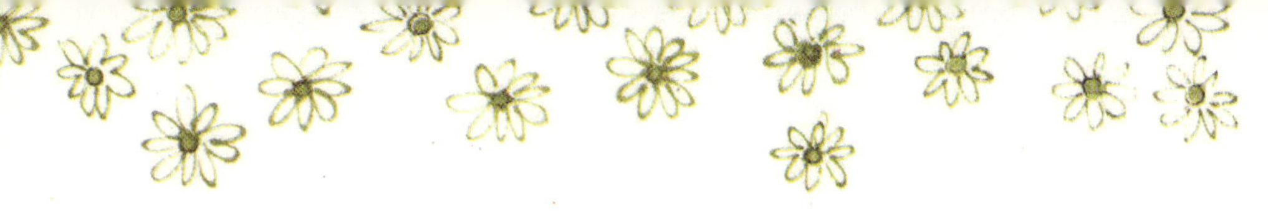

|차 례|

저자의 말 ··· 4
추천의 글 | 류원규 ··· 6
추천의 글 | 정승열 ··· 10

제1부
모르쇠 선생님

경찰국장댁 유리창을 박살낸 다섯 제자들 ··· 18

첫 시간에 반한 강화여고 112개의 눈동자 ··· 23

선생님은 도망가면 집에까지 쫓아와요 ··· 28

학생들과 함께 주워 먹은 음식물 쓰레기 ··· 33

모르쇠 선생님과 다섯 제자들 ··· 38

화수동 빨래터에서 터득한 개똥철학 ··· 44

생활지도는 역시 체육과가 제격이야! ··· 48

섬마을 선생님과 뭉치 제자들 ··· 52

사라진 담배 연기, 3진 아웃 ··· 61

제2부

빨래터 제자들

만우절 날 점심시간에 받은 어떤 영수증 … 72

어느 여학생에게 전하는 때늦은 사과 … 78

내 마음속에 큰 미안함을 남긴 정아에게 … 83

맷돌 돌리는 성실성이 꿈을 일군다 … 88

진드기 같은 놈, 독사 같은 놈, 기특한 놈 … 91

선생님 아버지와 비탈에 선 나무들 … 97

교장선생님과 친했던 1학년 왕꼬마 … 105

밤에는 CCTV에 안 찍히는 줄 알았어요 … 109

|차 례|

제3부

가정이 바로 서야 학교 교육이 빛을 낸다

학생의 생활습관을 보면 부모의 얼굴이 보인다 … 118

가정이 바로 서야 학교 교육이 빛을 낸다 … 125

마당 쓰는 젊은이를 보고 사윗감을 고른다 … 130

자율의 문턱에 걸터앉은 일탈의 심리 … 137

봄소풍 날 보여준 학생들의 어른 흉내 … 146

나쁜 습관에 감염된 변순이의 핑계 … 150

신의의 죽음을 함께 조상한 38명의 아이들 … 155

교감선생님과 학부모가 함께 벌을 받던 날 … 161

난생 처음 고급 점퍼를 선물 받던 날 … 168

제4부

인생역 플랫폼에서

교장이란 자리를 만들어준 잊지 못할 얼굴 … 174

내 인생을 바꾸게 한 책들 … 182

헌신적인 사랑은 체머리도 사라지게 한다 … 188

추억은 아름답지만 때론 진한 그리움을 부른다 … 194

서울 왕복 660리 길을 걸어서 이룬 내 친구의 꿈 … 206

문어발 성적표와 신포동에서 생긴 일 … 216

어느 학부모님과 제자가 준 특별한 선물 … 225

여고생의 졸음을 쫓아주던 나의 첫사랑 이야기 … 231

〈 후 기 〉
학교에서 말하지 못했던 이야기들 …256

책 속의 작은 시집 1 … 115
책 속의 작은 시집 2 … 255
저자 연보 … 263

제1부

모르쇠 선생님

경찰국장댁 유리창을 박살낸
다섯 제자들

1984년 5공화국 3학년 담임 때 일이다.

5월 어느 날 곤한 잠을 자는데 전화벨이 울렸다. 경찰국인데 담임이 와서 학생들을 인도해 가란다. 당시 우리 집은 달동네인 인천광역시 동구 송현동 83번지 수도국산에 있었다. 그때는 경기도 경찰국이 항동에 있었다.

동인천, 홍여문을 지나 경찰국에 갔다. 그때만 해도 학생들이 말썽을 피우다 적발되면 담임이 책임지고 지도하겠다는 각서를 쓰고 데려오는 일이 많았다.

경찰국에 도착해 보니 우리 반 반장을 비롯한 5명의 학생들이

연행되어 있었다. 이유는 자유공원 맥아더 동상이 있는 곳의 조약
돌을 던지다가 잠복 근무하던 사복경찰관에게 연행된 사건이었
다.

　그곳은 자유공원 남쪽에 정보계통의 송학사, 인천시장 관사, 경
기도 경찰국장 관사 등이 있었다. 5공화국 시절이라 반정부 운동

▲ 인천광역시 중구 송학동 1가 11번지에 있는 자유공원 안내 비.

▲ 맥아드 장군 동상 기단부에 새겨진 인천상륙작전 조각그림 형상.

을 하던 대학생들의 데모가 빈번했고, 그런 일들로 인해 주요 기관장 관사에 사복경찰들이 잠복근무를 했다.

담당 형사의 이야기를 다 듣고 보니 우리 반 학생 5명은 처음에는 대학생들의 사주를 받았거나 연관이 있는 것으로 판단하여 연행 후 조사하였단다. 그런데 학생들의 입에서 "담임선생님이 미워서 그 분풀이로 밤하늘을 향해 돌을 던졌다." 라는 진술을 받아냈단다.

그때 나의 학급 관리는 좀 과했던 것 같다. 예를 들어 영어는 배우기 전에 단어시험, 본문 암기하기 등으로 매일 쪽지시험을 보았다. 1차 틀리면 손바닥을 때렸다. 내가 교무실에 있으면 과제를 외운 학생은 교무실에 와서 검사를 받고 귀가할 수 있었다.

반장은 친구를 도우려고 남아 있었다. 자율학습이 없을 때였지만 우리 반은 쪽지시험을 통과하지 못한 학생들은 밤 9시까지 공부를 하여야 했다.

▼ 동인천에서 경찰국으로 가려면 자유공원 입구에 있는 홍여문을 지나가는데 이 홍여문 바로 위에 자유공원이 있다. 이 자유
공원 정상에는 인천상륙작전을 지휘한 맥아드 장군 동상이 서해바다를 바라보며 서 있다. (그때는 자유공원 바닥에 조약돌
을 깔아 놓았다 : 저자)

그날도 밤 9시가 되어 늦게 집에 가게 되니 담임에 대한 불만이 있었던 모양이다. 그 불만을 해소하기 위하여 자유공원으로 올라가 담임을 욕하며 소리 지르고, 맥아더 동상 앞마당의 조약돌을 주워 마음 속의 울분이 풀릴 때까지 허공을 향해 힘껏 던졌단다. 그런데 그렇게 던진 돌 하나가 경찰국장댁 유리창을 박살낸 것이었다.

그 사건으로 인해 학생지도 방법에서 변화가 필요함을 느꼈다.

학생들의 마음을 사는 것이 중요했다. "이번 일은 없었던 일로 할게." 하고 말하고는 학생지도 방법을 바꿨다. 능력에 따라 공부의 양을 본인이 정하고 계획표에 기재하도록 하였다. 자신과의 약속을 하고 담임은 그것을 체크만 하였다. 주말이면 같이 등산을 하면서 그들과 나 사이에 생긴 마음의 벽을 하나씩 털어 냈다.

졸업 후 고등학교에 입학하여 중학교 때의 공부의 위력을 알게 되었단다. 그때 얻은 자신감이 인생의 삶에 큰 도움이 되었단다. 반장은 최근까지 연락이 오더니 살기 바쁜지 요즈음은 무소식이다. '젊어서 고생은 사서도 한다' 는 말을 그들은 그때 이미 터득한 것이다.

첫 시간에 반한 강화여고
112개의 눈동자

1999년 3월 2일 월요일.

56명의 학생들이 교실을 꽉 채웠다.

본 수업 첫 시간.

경제수업.

나의 간단한 소개.

1년 동안의 수업 설계와 수업 방법을 이야기한 뒤 수업을 시작
했다. 112개의 눈이 나를 주시하며 조용하면서도 진지했다. 50분
1시간 내내. 수업을 마치고 인사를 받을 때 나도 가슴이 뛰었다.

한순간도, 한 사람도 한눈 파는 학생이 없었다. 이런 수업 분위기는 좀처럼 볼 수 없는 경험이었다.

"야, 애들이 살아 있다."

3학년 교무실로 들어서며 내가 한 첫 말이었다.

"수업 태도 좋던데요".

다른 선생님의 반응도 호의적이었다.

1999년 3월 2일. 화요일.

조직 발표. 입학식. 담임시간.

3학년 부장이 된 것을 아침 교직원 회의 보직 발표에서 알았다. 6명의 담임 중 1명만 중임이고 부장까지 총 7명 중 6명이 새로 전입한 교사였다.

학년부장이기에 종례사항을 알렸다.

· 아침 등교는 8시까지.

· 자율학습은 다음주 월요일부터 오후 9시까지.

오늘은 처음 만났으니 담임들끼리 얼굴도 익힐 겸 저녁식사 하기로 했다.

퇴근시간을 기다리고 있는 동안 3학년 학생이 교무실로 들어왔다. 당장 아침 7시부터 저녁 12시까지 자율학습을 해 달라는 요청이었다. 담임들끼리 협의하겠으니 오늘은 돌아가라고 했다.

대신 공부하고 싶은 사람만 자율적으로 하라고 했다.

▲ 1954년 설립해 54년간 수많은 인재를 배출해 온 강화여자고등학교 교정(인천광역시 강화군 강화읍 송악길 58(구, 관청리 938)번지에 위치해 있다)

저녁 식사를 하면서 담임들과 여러 가지 이야기를 했다.

학생들이 살아 있으니 투자하자.

일반계 3개 반(6개반 중 이과 1개반, 문과 2개반, 상과 3개반)

의 학생들의 의견을 수용하자. 그날 처음 만난 남상문(현재 용현여중 교감) 선생님과 나는 여관방에서 잤다.

다음날 집사람한테 전화를 걸어 당장 방을 구해 달라고 했다. 원래 계획은 인천광역시 서구 가정동5거리에 있는 집에서 통근할 계획을 하고 있었다. 6시 50분에 출발하면 러시아워를 피할 수 있어 1시간이면 족했다. 지난 1년 동안 강화군 교동면에 있는 교동고등학교까지 왕래해 본 경험이 있었다.

▲ 다도실습을 하고 있는 강화여자고등학교 학생들(사진제공 : 온라인인물뉴스)

다음날 집사람이 집을 보러 다니다 학교에서 걸어서 10분 거리에 있는 국화빌라 2층 독채를 전세로 얻어주었다. 이날부터 남상문 선생님과 3년 동안의 긴 동거가 시작되었다.

아침 7시에 자율학습을 시작하여 저녁 9시까지는 전교생이 의무적으로 자율학습을 했다. 이 의무적인 자율학습이 끝나면 희망 학생만 남아서 11시 50분까지 자율학습을 하도록 했다. 말은 자율이지만 강화여고가 섬에 있는 학교라서 거의 모든 학생이 남아 있었고, 교사들도 자리를 지켰다. 신임교사 수학과 박은희 선생님도 공부하여야 된다며 거의 같이 근무하다시피 했다.

11시 50분에 자율학습이 끝나면 12시에 정문에서 학부모가 학생들을 데려갔다. 한두 명의 학생은 12시가 넘어도 부모님이 오지 않아 기다리고 있었다. 학부모님이 저녁식사 후 깜박 잠이 들어 늦게 오는 경우가 대부분이었다. 이런 날은 여학생만 두고 집에 갈 수 없으니 마지막까지 같이 기다렸다가 집에 오면 12시 30분이 넘는 때가 많았다.

늦게까지 학교에 남는 담임들한테는 시간이 많으니 컴퓨터 연수를 권했다. 저작도구를 활용하는 학습 작품도 하면서 같이 공부했다. 그 컴퓨터 작품들이 소프트웨어(S/W) 학습자료를 만들어 활용도 하고, 덤으로 승진가산점도 받아 승진에 큰 도움이 되고 있다.

그때 맨 앞에 앉은 두 여학생이 내 시간만 되면 놀렸다. 한 마디 하고는 "빨개진다", "빨개진다" 하면 다른 학생이 웃고 그러다 보면 정말로 내 얼굴은 붉어졌다.

그 주모자 중 한 명이 1번 강표정이다.

그런데 요즘에는 바쁜지 연락이 없다.

그때 3학년 학생들은 서울대를 비롯하여 진학률이 좋았다. 지금 생각하면 꿈같은 일이다. 그때 고생한 담임들이 '99회'라는 모임을 만들어 지금도 자주 만나고 있다.

선생님은 도망가면 집에까지
쫓아와요

"오늘 단어숙제 안 해온 사람 오후에 재시험 본다. 종아리 3대, 알았지?"

월요일 아침이라 주말에 대부분 학생들이 숙제를 했는데 몇 학생이 미달이었다. 오후에 재시험을 보려고 파악해 보니 정해성이가 안 보였다. 종례시간까지 있었는데 없다. 가방도 없다. 화장실 등 교내를 찾아봐도 도무지 얼굴을 볼 수가 없다.

"도망갔나 봐요."

도망가면 집에까지 쫓아가서 부모님 보는 앞에서 매를 때리니까 도망은 꿈도 꾸지 말라고 이미 경고를 한 상태였다. 몇몇 학생들은 인천극장 앞까지 도망갔다가 불안하여 다시 돌아오기도 여러 번이다.

"선생님 담배 심부름 갔다 왔어요."

거짓말로 핑계를 대고 위기를 모면한 것을 알면서도 모르는 체하는 경우도 많다. 그런데 겁도 없이 해성이가 도망을 간 것 같다.

교사는 자신이 한 약속 때문에 발목을 잡히는 경우가 많다. 난감했다. 큰소리는 쳤지만 과연 집에까지 찾아가서 종아리를 때린다고 생각하니 아득했다. 하지만 평소 내가 한 약속을 지금 실행하지 않으면 앞으로 어려워진다는 생각 때문에 그냥 넘어갈 수가 없었다.

해성이네 집은 인천광역시 남구 학익동 교도소 부근에 있었다. 교통편이 별로 좋지 않다. 그쪽으로 다니는 승합차가 있기는 한데 해가 떨어지면 거의 차편이 끊어졌다. 그래도 집에까지 찾아가서 매를 때리는 척이라도 해야겠다고 마음먹었다.

그런 계획 때문에 학생들을 조금 일찍 집으로 보냈다. 학생 주소록을 뒤적여 정해성의 집 약도를 찾아 옮겨 적고 나섰다. 동인천역에서 승합차를 타고 가정방문을 간 것이다.

정해성 학생의 집에 당도하고 보니 5월 말이라 부모님들은 모내기를 하고 늦은 저녁 식사를 하고 있었다. 어둑어둑한데 아직 해성이는 보이지 않았다. 부모님들이 놀라며 "식사 전일 텐데……." 하며 찬이 없다고 큰 걱정을 하고 있었다. 나는 저녁을 먹고 오는 길이라고 돌려대며 만류했다. 그 소리를 듣고 어머니가 급히 나가더니 막걸리를 한 되 사왔다. 교도소 옆에 막걸리집이 있었단다.

해성이 부모님이 부어주는 술을 한 잔 주고받으며 이야기를 하다 보니 해성이가 집에서는 큰 일꾼이란다. 일요일에도 늦도록 일을 도왔단다. 공부는 잘하지 못하지만 염려 없단다. 돈 없어 어차피 고등학교 진학은 못 시킨단다. 농사일을 배우면 제 밥은 먹고 살 수 있단다. 오늘도 학교 가지 말고 모내기 도와 달라고 했더니 아버지 눈을 피해 학교에 갔단다. 해성이는 어디 갔냐고 물으니 종종 걸어올 때는 이렇게 늦는단다.

마루에서 이런저런 이야기를 나누며 술을 두어 잔 받아 마시는데 그때서야 해성이가 대문 안으로 들어서더니 주춤한다.

"해성이 어서 와라. 걸어서 왔구나!"

내가 주춤거리는 해성이를 불러들였다.

"빨리 이리와 앉아."

해성이가 말없이 옆에 와 앉는다.

"선상님께 술 한 잔 따라 드려라."

해성이 어머니가 주전자를 건넸다.

"해성이가 주는 술 한 잔 마셔볼까?"

해성이가 몹시 불안한 표정으로 내 술잔에 술을 부어주었다. 그는 술을 부어주고도 저승사자를 쳐다보듯 내 얼굴만 주시하고 있었다.

"약속 지키러 왔다."

내가 받은 술잔을 입만 대고 내려놓으며 연락도 없이 찾아온 목적을 밝혔다.

"약속요?"

내외가 해성의 얼굴을 보고 묻는다.

"우리만의 약속이 있어요."

내가 웃는 얼굴로 답하며 주위를 두리번거렸다. 마루 구석에 놓인 방 빗자루가 눈에 들어왔다.

"저기, 빗자루 가져 와."

해성이가 죽을상을 지으며 방 빗자루를 들고 왔다.

"종아리 걷어."

어리둥절하는 부모님을 웃음으로 대하면서 해성이의 종아리를 세 대 때렸다. 살짝 살짝.

"저는 이제 가야겠네요."

곧장 하직 인사를 하고 걸어서 집으로 왔다. 족히 1시간 30분은 소요되었다.

교도소 앞으로, 인하대, 유류창고가 보이는 미군부대 앞, 숭의동, 황굴고개, 배다리까지 오는데 말이다.

다음날 그 소문이 쫙 퍼졌다.

그런 일이 있은 후부터 도망가는 학생이 하나도 없었다.

이듬해 한 학생이 "선생님, 도망가면 집에까지 쫓아와서 때려요?" 하고 물었다. 그 질문을 받고 내가 "쫓아와서가 뭐야 이놈아, 가정 방문이지?" 하고 대답했다. 그러자 질문한 학생은 못 말리는 선생님을 만났다는 듯 혀를 내두르며 물러났다. 앞으로는 선생님이 내준 숙제는 안 하면 더 큰 화를 불러온다는, "잔머리는 이제 그만 굴려야겠다."는 심정이 역력해 보이는 표정이었다.

교사는 언행일치와 확인, 확인, 확인이 생명입니다. 인격형성이 이루어지는 청소년기의 바른 행동의 습관화를 위하여.

학생들과 함께 주워먹은
음식물 쓰레기

남자 중학교 3학년 때의 일이다.

교실 바닥에 떨어뜨려 놓은 음식물 쓰레기를 주워 학생들에게
먹였다. 꿈같은 이야기이며, 그때 학생들에게 미안하다. 요즈음
같으면 감히 상상도 할 수 없는 방법이고 당장 사직서를 내야 될
일이다.

학교가 급식 직영을 할 때라 위탁할 때 보다 식당에 신경이 많이
쓰인다. 특히 고등학교 학생들은 영양사나 조리하시는 분들의 말
을 잘 안 듣는 경우가 많다. 예를 들면 식사 후 식판을 그대로 놓고
나가는 경우는 다반사고, 숟가락 젓가락 휘기, 이벤트 행사로 잔

반(殘飯)을 남기지 않은 학생에게 작은 보상을 주게 되면 잔반을 식당바닥에 버리는 경우 등 이해할 수 없는 행동을 볼 때면 옛날 생각이 난다.

남학교와 여학교를 전전하며 담임을 하다 보면 남학생의 생활 지도는 여학교보다 몇 배 더 어렵다는 것을 실감하게 된다. 남학 교에서 말썽꾸러기들을 만나면 작은 전쟁이다. 직접 경험해 보지 못한 분들은 이해를 못한다. 경력이 있는 남자 교사들은 담임 첫 시간부터 학생들을 거칠게 다룬다.

혹시 학부형이 처음 학교를 방문하여 그런 모습을 보게 되면 깜 짝 놀랄 정도다. 한 반에 2~3명 정도의 말썽꾸러기가 있으면 그 에 동조하는 몇 명의 학생이 있고, 반의 분위기는 대다수 그들이 주도하고 있다.

그러므로 그 몇 명의 학생들을 제압하기 위하여 생활지도가 강 압적으로 이루어지기도 한다.

그 때문에 다른 선량한 대다수의 학생들이 선의의 피해를 보는 경우도 종종 있다. 학생들과의 기선 제압으로 담임의 의도대로 학 생들을 이끌기 위한 과정이다. 짧게는 1~2개월, 길게는 일 년 간 다. 서로 알고 친밀감이 생기면 그때는 생활지도가 수월해진다. 그 친밀감은 학교 밖에서 주로 이루어진다. 나는 등산을 주로 활 용했다.

옛날에는 학생들이 각자 도시락을 가져와서 점심시간에 같이

▲ 학생들이 먹다 남긴 음식물과 식판이 학교 식당의 식탁 위에 그대로 방치되어 있는 모습 (이 음식물 잔반은 결국에는 모두 버려지는데 이런 나쁜 버릇을 학생들이 일생 동안 고치지 못하면 가정과 사회와 나라가 어떻게 될까?)

먹었다. 남학교와 여학교의 점심시간 풍경은 180도 다르다. 여학생들은 삼삼오오 모여 앉아 이야기를 하면서 먹는 것이 신기할 정도다. 그에 비해 남학교에서는 담임이 같이 식사를 하지 않으면 소란하다. 몇 명은 자신의 도시락을 미리 먹고 점심시간에는 젓가락만 가지고 다니는 학생, 맛있는 반찬을 찍어 가는 학생이 많다. 그러다 보니 싸움이 벌어지는 경우도 있으며, 교실 바닥에 반찬과 밥이 떨어져서 어지럽히는 경우가 많다. 담임이 점심시간에 꼭 둘러보고 식사를 해야 그나마 나은 편이다. 5교시 수업시간에 들어가 보면 바닥이 지나치게 지저분한 경우가 있다. 자기 자리 밑의 음식물과 휴지 조각이 많아 청소하기를 여러 번 반복했다. 한 달이 지나도 그런 모습은 시정되지 않았다.

"너희들 이렇게 말 안 들으면 음식물 쓰레기 주워 먹인다."

몇 차례의 경고에도 학생들은 말을 듣지 않았다.

어느 날 5교시 수업을 위해 교실에 들어갔더니 유난히 음식물 쓰레기가 많았다. 뭔가 특단의 조치가 필요했다.

"모두 책상 위에 올라가 무릎을 꾸러— 어!"

몇 몇 학생들이 내 눈치를 살피며 책상 위로 올라갔다.

"오늘은 먹을 게 유난히 많구나. 빨리 올라 가 — 앗!"

내가 다시 소리치자 학생들이 모두 책상 위로 올라가 무릎을 꿇고 앉았다.

"평소에 경고한 대로 같이 먹자."

백지를 준비하여 바닥에 떨어진 반찬과 밥알을 주었다. 연필 깎는 카터 칼을 물로 씻어오게 한 다음 학생들이 보는 앞에서 먹을 수 있는 것과 먹을 수 없는 것을 선별했다. 밥과 반찬 두 가지를 〈학생수 + 1〉로 나누었다. 주전자로 물을 떠오게 하여 컵도 준비시켰다.

"골라 먹을 수는 없다. 순서대로 먹는다."

내가 소리치자 학생들은 모두 고개를 떨구고 말이 없었다.

"가장 양이 많고 더러운 것은 내가 먼저 먹겠다." 내가 다시 음식물 쓰레기를 먹는 요령과 순서를 구체적으로 밝히자 학생들은 그때서야 겁을 집어먹는 표정이었다.

"앞에서부터 차례대로 나와서 하나씩 먹는다. 못 먹겠다는 사람, 손들어!"

예견했지만 아무도 손을 들지 않았다. 설마 했을 것이다. 내가 가장 먼저 먹었다. 나는 물을 먹지 않고 살짝 씹어보니 으지직 으지직 소리가 났다. 침을 모아 삼키고는 한 사람씩 먹게 했다.

2~3명은 입에 넣으며 헛구역질을 하기도 했다. 아마 그날은 교실의 주전자 물이 가장 많이 소모된 날이었을 것이다.

그 후도 바닥에 휴지가 많은 날이면 학생들을 책상 위에 앉혀 놓고 의자를 들고 있게 했다. 그리고는 내가 빗자루를 들고 청소를 했다. 5분이면 충분했다. 점차 소문이 나면서 교실은 깨끗해졌다. 그 이후 내 시간만 되면 학생들이 자리 밑의 휴지를 줍는 모습을 자주 본다. 그런 날 나는 이런 말을 종종 한다.

"애들아, 말로 해서 행동을 바꾸면 선진의식이고, 고통을 겪은 후 행동을 바꾸면 후진국민이야."

또 어느 날은 식탁 매너를 강조하기도 한다.

"식탁의 매너를 보면 인격을 알 수 있단다."

지금은 직접 만나볼 수 없는 제자들에게 이 글로 내 마음을 전하고 싶다.

애들아! 미안하다.

요즈음은 이런 식으로 생활지도를 하는 교사는 인권침해로 사표감일 것이다. 그렇지?

모르쇠 선생님과
다섯 제자들

매년 5월 스승의 날이 되면 10여 년 전부터 인천대건중학교 33회 학생들로부터 꽃바구니가 도착한다. 올해도 어김없이 꽃바구니가 배달되어 왔다.

12월 연말이 되면 그때 담임들 모두가 초청을 받을 때도 있다.

이제 머리가 반백인 제자들은 나이가 나보다 더 들어 보이는 경우도 많다. 1980년도 중학교 3학년 학생이었으니 그럴 만도 하다. 지금도 만나면 그들은 "화수동 빨래터" 이야기를 한다. 무서웠다고 하면서 선생님들 특유의 제스처 흉내에 열을 올린다. 그때 담임 중 한 선생님만은 매를 안 댔다고 말한다.

▲ 인천대건중학교 교정. (저자는 이 학교에서 10년을 근무하며 수많은 제자들과 '스승과 제자'라는 인연을 맺어왔다)

4월 중간고사를 앞둔 어느 날이다.

5명의 학생들이 결석을 했다. 물론 집에서는 학교에 갔단다.

좀 늦나보다 생각하고 기다렸지만 결석자 5명은 학교에 오지 않았다.

그날 오후 점심 식사 후 교무실로 한 통의 전화가 왔다. 전화를 건 분은 청주교육청의 장학사였다. 서울 출장 후 경부선 열차로 귀가하는 중이라고 했다. 그런데 교복 입고 가방을 든 학생 5명이 있기에 이상하여 자연스럽게 말을 걸고 이야기를 하다 보니 인천에 있는 학생으로서 가출 중이라는 사실을 알게 되었단다. 행선지는 부산으로 간다고 하였단다. 지금 기차로 이동 중이고 서울발 몇 시 열차라는 사실까지 제보해 주었다.

▲ 1980년 인천대건중학교 33회 3학년 4반 담임 시절의 저자와 학생들의 졸업사진(올해도 33회 졸업생들로부터 어김없이 꽃바구니가 배달되어 왔다)

그 전화를 받고 동인천 역에다 급히 연락했다. 지금 가출 학생 5명이 경부선 열차를 타고 대구로 가고 있으니 대구역에 연락을 취해 달라고 협조를 요청했다. 학생들을 붙잡아 도망가지 못하도록 역전파출소에 인계해 달라는 부탁까지 덧붙였다.

그렇게 응급조치를 취해놓고는 학부모에게 전화를 걸어 자초지종을 이야기했다. 그리고는 바로 다음 경부선 열차로 내려가 아이들을 인솔해 오라고 했다. 전화를 받은 부모들은 부랴부랴 대구로 내려가 밤 늦게야 학생들은 만날 수 있었단다.

학부모들은 심야열차를 이용해 새벽에 서울에 도착했다. 서울에 도착해서는 바로 인천행 전철로 바꿔 타고 인천으로 내려와 학교로 학생들을 데려왔다. 잔뜩 겁을 먹은 학생들이라 무슨 말을 할 수가 없었다.

"구경 잘했어?"

"가출하려면 확실히 하지, 바보 같은 놈들!"

"부산 땅도 못 밟고 왔냐?"

오며가며 보는 선생님들마다 웃는 낯으로 농담을 했다.

아침 조회 후 오늘은 일단 집에 가서 쉬고 내일 학교에 오라고 조퇴를 해주었다. 그 대신 왜 가출했는지 그 사유를 각자 적어서 내일 아침 등교하자마자 제출하라고 했다.

다음날 학생들이 학교에 등교하자마자 사유서를 들고 왔다.

그런데 사유서 내용은 의외로 간단했다.

· 담임이 너무 들볶는다.

· 매일 외우는 영어단어 공부와 손바닥을 맞는 것이 겁난다.

나는 모르쇠로 일관했다. 학생들은 내 눈치를 보며 조용히 지냈다. 눈치를 보는 것이 불안한 모양이다. 1주일이 지나니까 학생들이 떠들며 활기를 찾는 것 같았다.

1주일이 지난 후 5명을 상대로 면담을 실시했다.

· 잘못을 반성하고 다시는 가출 안 한다.

· 새로운 각오로 공부의 목표를 정한다.

· 매 5대로 끝내기로 한다.

학생의 개인 신상을 알고 소통하는데는 학교가 아닌 곳이 좋아 등산을 자주 이용했다. 등산의 주의점을 알려줬다. 등산은 천천히 하는 장기전이라고 몇 번 강조해도 그 말을 듣지 않았다.

처음에는 앞서 뛰어 가던 녀석들이 후반에는 늘어져 허덕였다.

다음날 박원선 양호수녀님이 애들을 어떻게 하였길래 몸살이 날 정도가 되었느냐고 꾸지람을 하셨다. 수차 천천히 올라가자고 붙잡아도 내 말 안 듣고 달려가던 녀석들이라 그렇게 되었다며 크게 걱정하지 않아도 된다고 안심시켜 드렸다.

그날 등산을 하면서 여러 가지 이야기를 격의 없이 나누다 보니 가출의 원인은 다른 데 있는 것을 알았다.

· 홀어머니.
· 경제적인 문제점으로 매일 부부 싸움.
· 부모님의 학력 압박에 대한 부담 등.

2개월 이후에는 담임이 최고가 되었다. 그런 일이 있은 뒤부터는 학급 관리가 아주 쉬워졌다. 1년을 아무 탈 없이 무사히 보냈다.

그 학생들은 졸업 후 고등학교 진학 후에도 계속 만남을 유지했다. 대학 진학하였다고 맥주 한 박스를 메고 와서는 그 2~3배를 먹고 갔다. 요즘도 한참 연락이 없으면 집사람이 기다리기까지 했다.

그 아이들 때문에 40세 중반에 첫 주례를 섰다. 같이 늙어 가면서 주례는 걸맞지 않는다 해도 꼭 주례를 서야 한단다. 그래서 가출 5명 중 두 명의 주례를 섰다. 술집에 같이 앉아 술을 한 잔씩 마시는 날이면 주인이 친구인 줄 알았다면서 놀라는 경우도 많다.

싫지 않은 인연들이다.
너희들이 있어 교직 생활이 행복했단다.

화수동 빨래터에서 터득한
개똥철학

1980년대 초 인천대건중학교는 6학급의 소규모 학교였다. 그렇지만 공부를 잘한다는 소문이 나서 초등학교에서 오고 싶어하는 학교 중의 하나였다. 우리 반에서 있었던 일을 하나 실례로 들면 학생들이 고등학교에 진학하여 첫번째 시험에서 자기 반에서 1등을 하였다고 5월에 자랑하는 학생이 7명이나 된 적도 있었다. 지금 생각해 보면 학생들을 무척 들볶은 것 같다. 오죽하면 학생들 입으로 '화수동 빨래터' 라는 별명이 붙었을까?

5월 스승의 날을 맞아 졸업한 학생들이 찾아오거나 편지를 받으면 이야기 소재가 거의 매 맞은 이야기였다. 졸업생들은 신이 나

▲ '화수동 빨래터'로 널리 알려진 인천대건중학교 33회 학생들이 스승의 날을 맞이하여 보낸 그날의 은혜를 되새기는 꽃바구니.

서 이야기하고 나는 방어와 변명하기에 급급했다. 학생들을 위한 어쩔 수 없는 행위였다. 너희들 잘되라고 하는 행동이었다.

선생도 학생들에게 매를 대는 것이 하기 싫은 일 중의 하나이다.

그런 날은 학생들과 헤어진 후 퇴근하여 집에 걸어가는 동안 마음이 착잡했다. 내심 열심히 공부하게 해주어 정말 고맙고 감사하다는 말을 듣고 싶었는데 공부를 열심히 하게 한 본질은 어디로 가고, 학생들의 마음속에 매를 때리는 이미지로만 남다니……? 이렇게 해도 되는가? 내가 가는 길이 올바른가? 마음이 더욱 혼란스러웠다. 집에 와서 집사람한테 그런 심정을 이야기했더니, 동네에 대건중학교에 다니는 학생들이 있는데 그 학부모들의 이야기로는

▲ 인천대건중학교 33회 3학년 4반 학생들이 스승의 날을 맞아 유병철 담임선생님을 초대해 학창시절을 더듬던 회식 자리.

"겉보기보다는 무서운 선생님이다."라고 소문이 나 있단다.

그런 일이 있은 후 내 이미지 관리를 위하여 새로운 방법을 모색하기로 마음먹었다. "오늘의 개똥철학"이란 주제로 주변의 잔잔한 살아가는 이야기를 해주었다. 조례와 종례시간, 수업시간에 5분 정도를 할애하여 사는 이야기, 신문에 난 기사 이야기, 읽은 책의 주인공 이야기, 공부를 하여야 하는 필요성 따위를 소재를 바꿔가면서 하나씩 이야기해 주었다. 학생들이 진지하게 듣는 것 같았다.

그 후 시간이 흘러 졸업생들한테서 온 편지는 예전과 달라졌다.

· 선생님 같은 후배 교사가 되겠다.

· 꼭 내 이야기하는 것 같았다.

· 감사하다.

· 열심히 살겠다.

　거기다 어느 해는 누군가가 교장수사한테 담임을 자랑하는 편지를 보냈는가 보다. 어떻게 하면 그렇게 학생들을 감동시킬 수 있느냐고 교장수사가 물었다.

　"개똥철학이 요인이 된 것 같습니다."

　역시 교육은 마음을 움직이게 하는 것이 최상의 길인 것 같다. 나의 존재감을 알게 해준 학생 여러분, 고맙습니다.

생활지도는 역시 체육과가
제격이야!

2005년 9월 1일.

"학생부장, 차 한 잔 해."

서운중학교에 부임하면서 평소 안면이 있는 박○○ 학생부장을 점심시간에 불렀다. 차를 나누면서 신변 잡담을 주고받는 형식이었다. 대화 분위기가 무르익었을 때는 학생지도의 어려움과 우리 학교 학생지도에 대해서도 많은 이야기를 나누었다. 즉 간접적인 업무 파악이었다.

"학생 동원할 때 체육과에서 안 해?"

"……"

“아침에 보니까 학생들 집합할 때, 교무가 하던데?”

교장이 부임하는 날이라 아침 8시 10분까지 학교에 가서 2학기부터 시작되는 몇 가지를 결재하고, 교직원회의 겸 인사를 끝낸 후 9시 30분에 학생들한테 취임 인사를 하기로 계획이 잡혀 있었다.

교직원 회의가 끝나고 2층 교장실에 대기하면서 문틈으로 운동장을 보았다. 통상 학생부나 체육과 교사가 학생 집합을 하는데 여자 교무선생님이 집합을 시키고 있었다. 학생들은 말을 잘 듣지 않고 질서가 잘 잡히지 않았다.

학생부나 체육과와 협조가 안 된다는 것을 알 수 있었다. 남녀공학이지만 남학생들의 생활지도는 남자 선생님들의 협조가 있어야 되며, 특히 체육과 교사가 적극적으로 도와야 생활지도가 잘된다는 것은 상식이다. 생활지도는 말썽꾸러기들을 파악하여야 하고 체육과는 몸으로 운동장에서 부닥치는 교과이므로 그런 학생의 파악 및 관리가 가능하다.

“학생지도, 체육과는 안 해요. 수업만 하기로 했어요.”

“왜에?”

“체육과는 개밥에 도토리예요. 무시당하고, 우리 요구는 하나도 안 들어 줘요.”

“무슨 소리야?”

학생부장이 그동안에 있었던 서운했던 일들을 죽 늘어놓는다.

많이 서운한 눈치다.

▲ 학창시절 자신이 잘못을 저지르지 않아도 다른 학생의 잘못으로 학급별, 학년별로 단체기합을 받으며 고통을 겪어본 기억은 누구에게나 있을 것이다.(이 사진은 본문과 직접적인 연관성이 없음=편집자 / 사진 제공 : 온라인인물뉴스)

"나 좀 도와줘, 생활지도에 체육과의 중요성을 알잖아?"

"인정만 해주면 체육과는 몸 안 사려요. 충성이죠."

"오늘 저녁에 체육과 다 모여서 한 잔 해. 장소는 학생부장이 잡아."

그날 저녁 체육과의 지지를 얻었다. 다음주 부장회의에서 행사할 때 학생 소집은 학생부에서 맡아서 하라고 지시했다.

학생부 선생님들이 생활지도에 적극적이었다. '방과 후 선도 교실' 을 만들어 운영했다. 예를 들면 체벌이 아니라 공부의 벌을 주었다. 중학교 학생들은 종아리를 맞거나 얼차려보다 집에 늦게 가는 것이 가장 큰 벌이다. 규정 위반이 누적되면 벌점에 따라 1주일이나 2주일 정도 지도를 했다.

일과 시간 후 매일 한문 50자, 영어 단어 30개를 외우고 시험을 통과해야만 집에 보내줬다. 평가를 2번 하는데 검사를 통과하지 못하면 밤 9시까지 하여야 한다. 1차에 통과하여 빨리 집에 가려고 열심히 하였다.

중학교 학생들은 그 효과가 매우 컸다. 그날 외울 것을 아침에 게시해 달라는 학생들의 요구를 받아들였다. 귀가 시간이 빨라지고, 벌받지 않는 학생들이 친구 따라 같이 공부하는 경우가 많았다.

얼마 후 학생들의 생활지도가 잘되고 학력이 향상되는 학교가 되었다. '방과 후 선도학교'를 철저히 운영해 준 교사들이 하나같이 헌신적인 봉사를 해준 덕택이었다.

고마워요. 학생부 체육과 교사들.
생활지도는 역시 체육과가 제격이야!

섬마을 선생님과
뭉치 제자들

1998년 2월 28일.

교동도(喬桐島)에 있는 교동고등학교로 발령을 받았다. 교동도는 행정구역상 인천광역시 강화군 교동면에 소속되어 있고 교동고등학교는 강화군 교동면 대룡리에 위치해 있다.

간단한 짐을 챙겨 승용차에 싣고 집사람과 같이 교동도로 향했다. 배를 타고 가면서 '이제는 나도 섬마을 선생이 되었구나.'

하고 생각하니 마음이 설레기도 했다.

학교 행정실에 들러 인사를 끝내고 관사인 방 한 칸, 재래식부엌 반 칸이 달린 방을 배정 받았다. 그런데 얼마 후 행정실에서 다시 연락이 왔다. 나이가 연장자라서 아파트를 배정 받게 되었다고. 중·고등학교 선생님들이 한 건물에서 같이 근무했으며 교무실만 분리되어 있었다. 고등학교는 각 학년마다 1개 학급씩 총 3학급이 었다. 교사는 9명인데 6명이 새로 부임하였다.

사회과 교사는 나 하나뿐이기 때문에 역사를 포함한 사회과목을 모두 맡아서 해야 했다. 7개 과목에 중학교 지원까지 총 8개 과목이었다. 국사과목은 처음 수업하려니까 많은 시간을 할애하여 교재 연구를 하여야 했다. 가장 큰 부담이 되었다.

상치과목으로 학생들에게 죄짓지 말아야지 하면서 나름대로는 최선을 다했다.

그러나 나를 힘들게 하는 것은 수업준비보다 더 큰 것이 생겼다. 준비한 수업을 할 수 없게 방해하는 몇몇 학생들의 수업 태도가 큰 문제였다. 대부분 순박하고 인심 좋은 학생이지만 몇몇 학생들의 방해로 수업이 엉망이 되다보니 수업을 듣는 학생들도 말은 못하고 피해를 보는 것이었다.

학생들 일부는 수업시간에 늦고, 마음대로 화장실 갔다오며 다른 친구의 수업을 방해하며 돌아다녔다. 즉 통제 불능이었다. 제재를 하면 잠시 앉았다가 다시 시작되었다. 참다못한 국어과 정승렬(삼산중학교에서 교장으로 퇴임) 선생님이 학생의 잘못을 지적하고 자제를 요구했으나 학생은 거부했다. 그러자 얼차려를 시켰더니 학교 안 다닌다고 집으로 가버렸다.

교사들끼리 저녁에 모여 이야기를 나눠 보면 모두가 겪는 동병

상련이다. 핵심 주범은 홍두원(가명) 학생으로 파악되었다. 3학년 4~5명의 주동자이며 또 추종자가 몇 명 더 있었다.

학생들은 교사보다 그 학생들의 말을 더 무서워 했다. 그 학생들이 밖에서 호출하면 수업 중에도 예외 없이 무단이탈을 했다. 그 학생들의 도움을 얻지 못하면 무엇 하나 되는 일이 없었다.

지난 2개월 동안 격은 일을 생각하니 한심스러웠다.

내가 여기에 왜 왔는가? 후회도 되었다.

교육이 무엇인가? 고3 담임을 맡아 열심히 하여 나름대로 인정도 받았다고 생각했는데 이렇게 무능력한가! 이대로는 안 되겠다는 생각이 떠나지를 않는다. 그 방법을 찾으려고 고민을 많이 했다.

▲ 인천광역시 강화군 교동면 대룡리에 위치해 있는 교동중고등학교 교정.

먼저 친해야 되겠다고 생각하고 접근하기도 해보았다. 지역 안내도 부탁하고, 일과 후에는 오토바이 뒤에 타고 낯선 섬을 구경시켜 달라고 하여 섬 내 먼 지역까지 드라이브도 하였다.

그러면서 사정도 해보고 타이르기도 해보았다. 그러나 공부하고는 사돈의 8촌쯤 되는 그들의 수업 방해는 시간이 가도 개선되지 않았다.

3개월이 지난 6월 첫날.

3학년 수업시간에 내 결의를 선언했다. 화개산(교동도에 있는 명산)에서 60cm 정도 되는 싸리나무 회초리 50여 개를 한 다발로 만들고, 사표를 쓴 봉투를 교탁 위에 올려놓고 발표했다.

55

▲ 교동도의 명산으로 널리 알려진 화개산.

"오늘부터 내 말을 듣지 않으면 무조건 이 매로 때린다."

"……."

"둘 중 하나다. 너희가 내 말을 듣던가, 아니면 내가 사표를 내겠다."

"에이?"

일부 학생들이 웅성대며 비웃는 소리가 들려왔다. 그러나 워낙 강한 의지로 굳건하게 이야기 하니 잠잠해졌다.

그날 이후 규칙을 위반하는 일이 적발되면 준비해 놓은 회초리로 종아리를 때렸다. 도망을 가면 집에 전화를 해서 부모가 데려오도록 했다. 안 오면 집에까지 찾아가 기다렸다.

6월 어느 날.

오후 식사를 하고 교무실(아파트와 교무실 직선거리 20m)에 가서 일을 보고 자율학습을 하는 교실로 순시 겸해서 들렀다. 1, 2, 3학년 한 반씩이기에 손쉬웠다. 3학년 교실에 들어가는 순간 뒷문 창문 가의 남학생이 자리에 엎드리면서 자는 척하였다. 모르는 척 한 바퀴 돌고 나서 뒷문으로 나가는 척하며 그 학생한테로 갔다.

"누구야?"

엎드려 있는 학생은 알면서도 태연하게 엎드려 있었다. 다시 "일어나!" 하면서 흔들어 깨우는데 술 냄새가 확 풍겨왔다. 그 학생은 학교의 짱이며, 학생들에게 공포의 존재였다. 부모는 이혼하였고, 어머니와 떨어져 외할머니 댁에 사는 학생이었다. 흔들어 깨우면서 "두원이구나." 하고 이름을 부르니 머리를 들었다.

"너, 술 마셨구나! 밖으로 나와" 하면서 복도로 끌고 나갔다.

그리고는 최대한 조용히 속삭이듯이 "입 다물어!" 하고 힘을 주어 얼굴을 한 대 때렸다.

"입, 꽉 다물어!" 했더니 공격하는 줄 알고 한 발 뒤로 물러서서 방어자세를 취했다.

"이것 봐라?"

순간 다시 한 대를 더 때렸다. 그때 두원이가 무릎을 팍 꿇었다. 옆에 반 1, 2, 3학년 학생들이 때리는 소리에 복도로 쫙 뛰쳐나오면서 웅성거렸다. 무릎을 꿇을 것까지는 생각하지 못했다.

그런데 두원이가 순간적으로 무슨 생각을 했는지 무릎을 꿇은 것이다.

"이제는 되었다." 싶은 안도의 한숨이 나왔다. 거기서 대들면 어쩌나 하는 불안감도 은근히 있었다. 그러나 그런 불상사까지 발생하면 옆 교무실에 응원을 청하리라고 마음먹고 시작한 일이었다. 학생들을 통제할 수 있는 교사는 이 지역 출신이며 체육과인 배선용 선생님 한 분뿐이었다.

"다시는 이런 행동하지 마."

나는 두 말하지 않았다. 딱 한 마디만 하면서 손을 내밀었다.

두원 학생도 내 손을 잡았다. 너무나도 순식간에 일어난 일이고, 조용히 끝난 일이었다.

다음날 아침에 다른 학생들이 오동화(현, 서곶중학교교감)선생님한테 가서 폭력교사라고 항의하면서 성토 비슷하게 저항할 모습을 보였다. 그러나 더 이상 확대되지 않고 조용히 마무리되었다. 그 후부터 학생들의 태도는 완전히 바뀌었고, 싸리 회초리는 내 책상 밑에서 묵고 있었다.

7월 초쯤 월요일 아침에 인천을 출발하여 강화군 창후리 선착장에서 배를 타고 건너가 출근하니 홍두원 학생이 큰 조개를 한 되 정도 가져왔다. 고기는 질기니까 국물만 내서 먹으란다. 수제비 국물감으로는 제격이란다. 난정리 수로에서 잡았다는 말까지 해주었다. 지금도 그때 생각을 하면 그 반전의 시기가 참 다행이다 싶었다.

그로부터 몇 년간의 시간이 흘러 검단고등학교 교감 시절, 아침 출근시간의 러시아워를 피하여 경서동 인천골프장 옆 샛길을 선택해 승용차를 몰고 가는데, 다가오던 덤프트럭 운전사가 "선생님!" 하고 소리쳐 불렀다. 차를 세우며 창 밖을 보니 그때 홍두원 학생과 같이 놀던 학생이었다. 군 입대, 취업 등 각지로 흩어졌지만 그들은 그때까지도 가끔 만난다는 소식을 전해 주었다.

"지금도 만나면 선생님 이야기해요."

"그래에?"

"찾아갈게요."

그런 인사를 주고받은 후 승용차 백미러를 보니 덤프 트럭은 벌

써 저만치 멀어지고 있었다.

저 사고뭉치들도 시간이 지나니 제몫을 다하는구나.
섬 생활 교동의 1년, 보람 있었다는 생각이 밀려온다.

사라진 담배 연기,
3진 아웃

2010년 7월 22일 목요일.

문자가 왔다. 〈행정심판 취소. 걱정하지 마시고 재미있게 연수 보내시고 오세요 - 학생부장〉

전국 중등교육협의회에서 주관한 제주국제컨벤션센터에서 연수 중에 받은 문자였다. 7월 30일이 교육청에서 '행정심판' 이 있는 날이었다. 그런데 학부형이 제소한 그 행정심판을 취하한 것이었다.

행정심판 내용은 3학년 어느 학부형이 자녀에 대한 선도위원회의 결정이 잘못되었으니 심판해 달라는 내용이었다. 2010년 5월 4

일 선도위원회 결정 내용은 흡연 3회에 의한 '3진 아웃'에 의하여 〈퇴학, 100일 유예〉이었다. 즉 퇴학 처분을 결정하되 100일의 반성 기회를 주는 것이다. 100일 안에 흡연하다 적발되면 자동 퇴학이었다. 그 기간 안에는 학교에서 운영하는 금연 프로그램에 참여하여야 한다. 4일간의 사회봉사, 3일의 교내 봉사, 월 1회 금연 교육 및 흡연 여부를 기계를 이용한 니코틴 검사, 또는 소변검사를 의무적으로 하여야 한다.

학부형은 '퇴학' 처분이 과하다는 것이었다. 본인도 고등학교 때 담배를 피웠고, 고3학년인 아들이 100일 안에 흡연할지 모르니 철회해 달라는 것이다. 같은 사안인데 퇴학 100일 유예, 특별교육, 교내봉사 3일은 2중3중의 처벌이므로 부당하다는 것이고, 학교규정에도 없는 처벌이라고 했다.

학교 선도위원회에 재심을 요구했으나 결정이 번복되지 않았다.

그러자 교육청에다 또 민원으로 소청한 것이다. 그런데 교육청마저 '실질적인 퇴학이 아니다. 학교에 민원 사항을 알리고 건의하겠지만 학교가 받아들이지 않으면 결정에 따라야 한다.'는 답을 보낸 것이다. 그러자 그 학부모는 '행정심판'을 요구한 것이다.

학교는 답변서를 보내고 강한 의지를 보였다. '행정 심판'을 열 경우 80%가 학교가 패하니 민원인과 타협하라는 말도 간접적으로 전해왔다. 그러나 학교장이 고심 끝에 내린 결정은 함부로 철

회할 수가 없다. 재판에 져도 손해 볼 것은 없으며 사회나 언론의 시선을 끌어도 사회정의에 불리하지 않다고 판단했다. 우리가 패하면 정식 재판으로 가서 고등법원의 판결을 받아본 후 시정하겠다는 교장의 복안을 전 교직원에게 알리고 답변서를 메신저로 보냈다. 학생들에게 학교의 강한 의지를 홍보해도 좋다고 하였다.

그렇다면 왜, 3진 아웃인가?

2009월 3월 계양고등학교로 부임해 오자 학교 주변의 주민으로부터 민원이 많았다. 학생들이 저녁식사를 밖에 나가서 하고 있었다. 주변이나, 집에서 저녁 식사 후 아파트 골목 등에서 흡연을 하고 담배꽁초와 침을 뱉어 불결하다는 내용이다. 일부 학생은 어른들이 단속하면 공격적이어서 단속도 못한단다. 통장들이 학교와 교육청에 집단 민원을 제기하였다.

그런 민원이 제기된 이후 학교도 최선을 다해 학생들의 금연을 단속했다. 그러나 학교의 단속은 한계가 있었다. 학교도 일반 주민들이나 마찬가지다. 학생들은 점심시간에도 밖에 나가 흡연을 하고 들어오고, 화장실은 담배 연기로 인해 담배를 피우지 않는 일부 학생들의 민원의 현장이 되기도 했다.

· 사진을 찍어서 PPT로 홍보.
· 보건소에 의뢰 교육.
· 뒷문 잠금 및 출입 금지(오후 석식 시간에만 개방).

▲ 인천광역시 계양구 용종동 227-3에 위치한 인천계양고등학교.

위와 같은 방법으로 금연 교육을 하였지만 효과가 없었다. 흡연이 건강에 미치는 영향은 이미 검증되었다. 금연이 사회적 이슈가 되었지만 학생들의 흡연은 줄지 않았다. 청소년기에 흡연한 학생은 좀처럼 끊기 힘들다는 학술보고도 있다. 생활지도를 하다 보면 단속이 약할 때는 급속히 확산되는 경향도 있었다. 그러므로 강한 의지로 압박하여 흡연을 차단하는 것이 가장 좋은 방법이라는 결론이 나왔다.

학생들에게 2010학년도부터 '3진 아웃제'를 홍보하였다. 학부모님과 만날 기회가 있을 때마다 강조하였다. 2010년 9월부터 그린 마일리지 제를 시범적으로 실시할 때도 흡연의 벌점을 높게 책

▲ 저자는 2009년 3월 1일 이 학교 제6대 교장으로 취임하여 담배 연기 없는 고등학교로 운영해 오며 인근 중학교 재학생들로부터 "계양고에 가려면 담배부터 끊어야 한다."는 자성적인 일화를 만들어낸 바 있다.

정하였다. 그린 마일리지 제도를 시범적으로 실시하는 과정에서 문제점이 제시되었다. 벌점에 따른 벌이 약하여 학생들이 '벌점 주세요'를 대놓고 하는 것이었다. 교사들도 그린 마일리지 제도가 성공하려면 '벌점이 무섭다'는 것을 인식시키지 않으면 안 된다는 의견이 나왔다. 체벌 없이 상·벌점제가 정착하려면 엄격한 규칙 적용이 절실하게 필요했다. 특히 흡연은 더욱 그러했다.

'담배 연기 없는 학교 만들기'를 교육계획서에 올려서 적극적으로 실시할 준비를 했다.

2010년 3월 2일 입학식에서 금연 선서식을 했다.

▲ 2010년 3월 담배연기 없는 학교 만들기 선포식 이후 계양고등학교 학생들은 교내 및 교외
에서 담배를 피우다 소변 검사에서 그 흡연 흔적이 나오면 1차 징계위원회의 지시에 따라
일정 시간 교내 봉사활동으로 자신과 다른 학생의 금연 활동을 돕고 '담배 연기 없는 학교
만들기' 운동에 동참하여야 한다.

2010년 3월 5일 전교생 흡연 3회시 퇴학(3진 아웃)조치 한다는
학교 교육계획서를 공식적으로 발표한 뒤, 학부모와 학생들로부
터 자필 각서를 1통씩 받았다.

[당시 학교가 공시한 흡연 기본 지침]

· 1회 적발시 : 부모에 문자로 통보. 학생부 자체 지도.
· 1회 적발한 학생은 매월 1회 니코틴 검사 및 소변검사, 금연
  교육 1 시간.

▲ 담배를 피우다 적발된 계양고 학생들이 '담배 연기 없는 학교 만들기 운동'에 동참하여 교문에서 등교하는 학생들을 향해 봉사활동을 하고 있는 모습.

· 양성 반응은 1회 흡연으로 간주(교외에서 피우지 못하도록 하기 위한 조치).

· 담배 및 라이터 소지자도 흡연 1회로 간주.

위와 같은 기본 지침 아래 지도한 결과 5월부터 흡연 학생수가 급속히 줄기 시작했다. 8월 개학과 동시에 실시한 니코틴 검사에서 양성 반응자는 1학년 2명, 3학년 2명만 나왔다.

그 대가로 닫혔던 뒷문을 개방하고 명예관 2층문을 개방했다.

한 번 적발된 학생들은 1년간 지속적인 지도를 실시한다는 것을

67

알고 있기에 성공한 것 같았다. 새로 적발되는 학생도 있었지만 교내에서는 감히 흡연을 못했다.

2010년 가을 어느 결혼식장에서 서운중학교 부장 선생님을 만났다. 3학년의 한 남학생이 인천 계양고등학교를 가려면 담배를 끊어야 한다고 하며 담배를 끊었다고 하더란다. 주변의 아파트 주민으로부터도 그 후 여러 차례 고맙다는 인사를 받기도 했다.

2011년도 3월에 1학년 일부가 밖에서 흡연하다 적발된 경우가 있었다. 그렇지만 교내에서 담배 연기는 사라졌다.

이렇게 계양고등학교가 **담배연기 없는 학교 만들기에** 성공한 것은 몇 몇 교사의 희생적인 기여가 있었기 때문이다. 그 중에서도 자칭 진드기 학생부장의 역할은 지대했다. 지금껏 학교에서 근무하면서 나도 긴 시간 동안 학생들을 지도해 왔지만 이렇게 철두철미한 사람은 드물었다.

학생부장 선생님은 내가 금연의 의지를 밝히자마자 계획서를 만들고 그 계획서에 따라 한 치의 착오도 없이 행동으로 옮겨 주었다. '사람의 용모가 그 사람의 생각과 행동에 영향을 미친다.'는 본인의 생각과 뜻을 같이 하는 선생님이었다.

그런데 하나의 교훈으로 삼아야 할 일은 '아직 인천계양고등학교에는 3진 아웃으로 퇴학당한 학생이 한 명도 없다' 는 사실이다.

공자님의 말씀처럼 학교 교육은 먼저 앞서 뛰어가는 학생은 혹시라도 자신의 영특한 두뇌의 덫에 걸리지 않도록 조금씩 눌러주고, 반면 조금 뒤떨어지고 일탈의 문턱에 서서 여기저기 기웃거리며 자신이 가야 할 길과 마쳐야 할 일을 제때에 마치지 않고 소홀리 하는 학생은 회초리를 대서라도 반열에서 낙오되지 않도록 이끌어주어야 하는 것이 학교와 선생님이 떠맡아야 할 과제이다.

혹 이 글을 보고 '학생 인권'에 배치된다는 선생님도 계실 것이고, 구시대적인 낡은 사고방식이라고 평가하는 학생들도 있을 것이다. 그러나 나는 정년 퇴임을 하고 교직을 떠나는 이 순간까지도 나의 교육적 '개똥철학'이 잘못되었다는 생각을 가져본 적은 없다.

지금도 내 책상 위에는 청색 테이프로 감은 대나무 회초리(종아리 용) 1개와 학생들 엉덩이를 때려 망가진 물소 뿔 주걱(베트남 여행 때 구입한 것) 1개가 놓여 있다.

제2부

빨래터 제자들

만우절 날 점심시간에 받은
어떤 영수증

　　교직 생활을 하다보면 어느 해는 아무리 잘 하려 해도 안 되는 경우가 있다. 반면에 어느 해는 큰 노력 없이도 좋은 관계를 유지하고 많은 추억거리를 만드는 해도 있다.

　　그 영향의 핵심에 반장의 역할이 크다. 많은 학생들은 반골 근성이 있는 동료를 반장으로 뽑기를 좋아한다. 담임한테 말하기 껄끄러운 것을 대신 해주기를 바라기 때문일 것이다.

　　나는 학년초에 그런 기미가 보여 사전에 내 입맛에 맞는 반장을 선출하기 위하여 학급회의에 참석하여 발언권을 얻고 내가 반장 추천을 해도 되느냐(아무도 반대하지 못함)는 형식상의 과정을 거쳐 반장을 추천한 적이 있다. 그런데 그럴 때는 반장이 어려워지고 반장의 도움을 받으려는 의도와는 정 반대현상이 일어나 애를 먹는 해도 있었다.

반대로 반골 성향의 반장을 뽑았을 경우는 시간이 지날수록 그 한 사람과 소통이 잘 이루어져 아주 수월하게 반이 잘 운영된 경우도 있었다. 그때 나는 반장을 불러 하소연했다. 내가 마음이 약해서 장난꾸러기 학생들을 휘어잡지 못한다. 너의 도움이 적극적으로 필요하다고 부탁을 한다. 그러다 3월 말쯤 그동안 보아왔던 관리 대상의 학생을 지목하고 일요일에 같이 놀러가자고 했다. 반장을 앞세워 등산을 갔고 모두 내 든든한 우군이 되어 1년을 잘 보낸 경우도 있다. 역시 교실을 떠난 사적인 관계를 이루면 아주 쉽게 뜻을 이룰 수가 있는 것 같다.

3월 첫 하루가 1주일을 좌우하고, 1주일이 한 달을 좌우하고, 3월 한 달이 1년을 좌우한다. 첫번째는 원칙 적용을 엄하게 하면서 소통이 되었을 때 조금씩 자유를 주면 효과적이다. 남학생 중학교 특히 고등학교에서는 교육학 원칙대로 신임 교사가 "……

했어요?", "……해주세요.", "……학생 조용히 하세요." 했다간 통제를 할 수 없게 되어 얼마 안 가서 후회를 하게 된다. 모든 학생이 한눈에 들어오는 30명 이내일 때는 그것이 가능할 것이다.

담임에 대한 인식이 긍정적일 때와 부정적일 때와는 천지차이이다. 시간이 지나면서 긍정적인 인식을 갖도록 행동하여야 한다.

나는 3월 첫 담임시간 관리는 철저히 했다. 5·16군사 혁명 후 첫 기자회견에 약속시간 정각에 나타난 박정희를 보고 기자들이 긴장했다는 이야기를 들은 적이 있다. 나도 3월 첫날, 첫 담임시간은 교실에 들어갈 때 교무실에서 미리 출발하여 발걸음으로 조절하면서 교실에 정각에 들어간다.

담임인사를 하면서 1년간 "나에게서 한 가지를 배워라."고 말한다. 나는 도산 안창호 선생님을 존경한다. 안창호 선생님을 흉내내려고 하는 사람이다. 나는 능력이 부족한 사람이다. 예를 들면 머리가 평범한 사람, 외모가 별루인 사람, 재주가 없는 사람이다. 그 단점을 메우기 위해 '성실한 사람'이 되려고 노력한다.

몸으로 행동한다. 내 자신의 관리에 최선을 다한다.

1996년은 나에게 해운처럼 느껴지는 한 해였다. 지금도 그때를 생각하면 미소가 절로 나온다. 키는 작지만 야무지고 긍정적인 성향의 반장을 만났다.

4월 1일 아침 반장(손미현)이 오늘은 1개월이 되었으니 반 학생들이 선생님과 점심식사를 같이 했으면 좋겠다고 하는데 어떠냐고 의사를 물어왔다. "식사 준비는 우리가 할게요. 식당으로 가지 말고 곧장 교실로 오세요." 했다.

"메뉴가 뭐야?"

"비밀이에요."

가끔 교실에 가보면 커다란 양은그릇에 몇 명이서 준비한 도시락(그때는 학생들이 도시락을 가져올 때임)과 반찬을 쏟아 부어

비빔밥을 만들어 먹는 경우를 봤다. 혹시 만우절이니 그 비빔밥에 후추나 매운 고추장을 많이 넣지는 않을까 생각되어 조심해야지 하고 다짐했다.

점심시간에 교실에 들어서니 자장면 냄새가 진동했다. 교탁 위에 자장면이 한 그릇 놓여 있었다.

"고맙다!"

"괜찮아요!"

"너희들도 도시락 꺼내야지?"

내 말이 끝나자마자 학생들이 일제히 책상 속에서 자장면을 올려놓았다. 합창으로 "잘 먹겠습니다." 하는 인사가 나왔다.

학생들과 같이 자장면을 먹으면서도 예감이 이상했다. 기분 좋게 자장면을 다 먹은 학생들이 "잘 먹었습니다." 하고 키득거리며 야단이었다. 그러더니 반장이 앞으로 나오더니 자장면을 단체로 시킨 영수증을 내밀었다.

만우절에 당하지 않으려고 조심조심 했는데 그만 당한 것을 알고는 한바탕 웃으며 나왔다. 전날부터 사전에 계획을 짜고, 점심시간 끝남과 동시에 5분 안에 이루어진 일이었다. 내가 시간이 끝나고 교무실에 책을 놓고 화장실 들러서 교실에 가는 사이에 그런 일이 일사천리로 이루어진 것이다.

학교에 있다 보면 만우절 날 여러 가지 일들이 벌어진다. 교실에 들어가면 학생들이 뒤로 돌아앉아 있기도 하고, 반 전체를 바꾸기도 하고, 몇몇 학생이 반을 바꿔놓기도 한다. 교실에 가보면 학생

▲ 선물로 받은 캐쥬얼 하복(이 사진은 저자가 그해 5월 15일 선물로 받은 캐쥬얼 하복을 입고 집사람과 같이 기념으로 찍은 사진이다)

들은 없고 칠판에다 "음악실로"라고 적어놓기도 한다. 학생들은 평소에 자신을 선생님이 잘 알고 있으니까 반을 바꾸어놓아도 잘 알겠지 하고 생각하지만 교사는 자기 반이 아니고서는 알아차리지 못한다. 그런 풍경도 이제는 옛이야기가 되었다.

그해 5월 15일 스승의 날은 참 기분 좋은 날이었다. 아침에는 학생들의 꽃 달아주기, 내 시간에는 노래로 한 시간을 보냈다.

손미현 반장의 트로트 노래 솜씨는 대단했다.

그 후에도 종종 시험이 끝나면 노래를 한 자락씩 들었다. 그때 여학생들이라 선생님이 같은 옷을 보름씩 입고 다닌다고 이야기를 한 모양이다. 그때 하복 양복이 없는 것을 알고 흰색 캐쥬얼 하복을 한 벌 선물해 주었다. 역시 여자들의 눈썰미는 알아줄 만하다. 신기하도록 그 옷이 내 몸에 딱 맞았다.

　지금도 그때의 학생들이 교사가 되어 종종 소식을 전하고 있다.
여학교는 그만큼 학교생활이 재미가 있고, 졸업 후에는 잠잠하다.
그러나 남학교는 정반대다.

어느 제자에게 전하는
때늦은 사과

'왜 그랬을까?'

지금도 후회가 된다. 거절당한 학생의 심정은 어떠했을까? 시간이 지났지만 미안한 마음 때문에 그때 그 일은 지워지지 않는다.

부광여자고등학교에서 있었던 일이다.

수업을 끝내고 교무실로 들어가 앉아 있는데 다른 반 학생들이 잠시 나오란다. 교무실 문을 열고 복도로 나서니까 어느 여학생이 꽃다발을 내밀었다. 몇몇 아이들의 환호성도 들렸다. 겉으로 드러나지 않았는지는 몰라도 내심 몹시 당황했다.

순간적으로 "무엇이야?" 하면서 뒷걸음치다가 그냥 교무실로 들어와 버렸다. 이유 없이 잘 모르는 제3자한테 무엇을 받는 것이 그 당시는 거북스러웠던 것 같다. 또 우리 반 학생들의 시샘이 겁났을지도 모른다. 그 학생은 몸집이 가장 큰 학생이었다.

평소에 너무 살이 쪘다고 생각하고 있던 학생이었다. 아마 잠재적으로 내 마음에 들지 않는 몸매가 가장 큰 원인이었는지도 모른다.

여중학교에 5년 이상 근무하면서 여러 가지를 경험했다. 여학생들한테 백지를 주고 무엇이든지 쓰고 싶은 것을 쓰라고 하면 가장 많이 나오는 요구 사항이 '차별 대우 하지 말 것' 이었다.

> **[여학교에서 주의할 것]**
>
> · 복도에서 여러 명이 같이 갈 때 한 학생만
>   쳐다봐서는 안 된다.
> · 수업 시간에 예쁘장한 학생과 여러 번
>   눈을 마주치지 말 것.

그때 같이 근무했던 조대신(동부교육장으로 퇴임) 교장선생님이 조회 시간에 늘 당부하던 말이 있다. 총각 남자 선생님들은 복도를 지나갈 때 꼭 '뒷짐지고 갈 것' 을 부탁했다.

여고에 와서 고3 담임을 2년째 할 때 일이다. 우리 반 학생들의 시샘이 생각도 못한 곳곳에서 터져 나왔다. 담임이 학생 면담하는

▲ 잠이 부족한 어느 여학생 교실 모습(이 사진은 본 기사 속의 특정학교와는 직접적인 연관성이 없음 = 편집자 / 사진제공 : 온라인인물뉴스)

시간 길이가 길고 짧은 것도 문제가 되었다. 자율학습시간에 복도에 앉아 한 명씩 불러내어 면담을 하는데 문으로 들고나는 시간을 잰 것이었다.

- 시간이 길면 담임이 예뻐하는 것이고, 짧으면 미워하는 것이란다.
- 다른 반 학생의 면담도 문제가 되었다.
- 어느 반은 옛날 이야기를 해주었다.
- 첫사랑 이야기는 왜 남의 반에서 먼저 했나? 등등.

여학생들은 '사랑'과 관계된 이야기를 좋아하고, 남학생들은 '전쟁이나 무기, 무용담 이야기가 인기가 있다. 고3 학생들은 늘 잠이 부족하여 2~3교시가 되면 많이들 졸고 있다.

수업 시작 후 20분 정도 지나면 학생들은 하나 둘 졸기 시작한다. 까딱 잘못하면 자신도 모르게 끌려 들어가고 마는 몰려오는 졸음의 덫에서 건져내 학생들을 수업에 집중할 수 있도록 하는 것이 교단에 선 교사들에게는 늘 숙제다. 이 숙제를 위하여 교사들은 수업시간 중간 중간에 학생들의 졸음을 깨울 관심거리를 준비해 두었다 5분 정도 들려주며 학생들을 졸음의 덫에서 빠져나오게 한다. 나는 주로 신문 기사 스크랩, 개똥철학, 이야기 시리즈 따위를 준비했고, 정기고사나 모의고사에서 1등을 한 반은 1시간을 학생들이 원하는 것을 해 주기도 했다. 옛날 이야기, 자습, 잠자기 등으로. 여학교에서는 학생들 개개인의 요구를 들어주는 친절을 베풀다 보면 틀림없이 뒷말이 있다. 안 들어 줘도 문제, 들어줘도 문제인 것이 여학교다. 알면 알수록 혼란스러운 것이 여학생들의 심리다. 선배 교사가 여학교가 더 어렵다고 하던 말을 실감하였다. 처음에는 수업 시작 전에 교탁에 음료수를 놓아주고, 감사하다는 쪽지 편지를 놓아주는 것이 좋았다. 그럴수록 우리 반 학생들은 내가 말만하면 "몰라요!" 하고 샐쭉거리기 시작했다. 나중에는 겁이 났다. 늦게 터득했지만 그냥 내 생각대로 묵묵히 하는 것이 상책이었다.

다른 반 학생들의 인기가 우리 반 학생들한테는 문제가 되었다.

시샘을 하는 것이었다. 우리 반 학생들을 의식하여 자제하여야겠다고 생각하고 있을 때 하필이면 임지영(가명) 학생이 꽃다발을 내민 것이었다.

지금 생각해 보면 앞에서 이야기한 여러 가지 일들이 복합적으로 작용하여 그 학생의 꽃다발을 받지 못한 것 같다. 그때를 되돌아보면 왜 그랬을까 하는 후회가 밀려오고 당시의 옹졸한 내 모습이 싫다. 지금도 그때 일만 생각하면 임지영 학생이 안쓰럽고, 미안하고, 속이 답답하다. 내가 조금만 더 성숙된 사람이었다면 대범하게 수용했을 것을 말이다.

미안하다! 임지영(가명)? 선생님이 늦게나마 사과한다. 맺힌 맘 있으면 다 풀어…….

내 마음 속에 큰 미안함을 남긴
정아에게

1996년 6월 어느 날.

부광여고 3학년 ○반.

우리 반 1등 박정아(가명)

"저 자퇴할래요."

3교시 우리 반 수업을 끝내고 교실을 나서는데 정아가 반은 울음 섞인 목소리로 다가와 하는 말이었다.

"뭐라고?"

뜬금 없이 하는 말이 예사로 듣기지 않아 다시 확인했다.

"저, 자퇴할래요."

재차 말하는 정아를 물끄러미 쳐다봤다. 나의 눈을 피하면서 고개를 숙인 정아의 눈에 눈물이 글썽이는 것 같다. 그동안 나도 정아를 볼 때마다 마음이 편치 않았으므로 가슴이 덜컹했다. 마음에 집히는 것이 있어 교무실 앞 상담실로 데리고 갔다.

"정아야, 이유가 뭐니!"

"……."

"나 때문이구나. 미안해. 사과할게!"

아침조회 시간에 출결을 확인해 보니 오늘도 정아의 자리는 비어 있었다. 조회를 끝내고 앞문으로 나가는데 뒷문 복도에서 숨어 있던 정아가 잽싸게 들어오는 것이 눈에 띄었다. 다시 교실로 들어가 정아를 앞으로 나오라고 하였다.

앞문 옆에 세워 놓고 입을 다물게 하고 양 손바닥으로 얼굴을 한 대 때렸다. 나중에 안 일이지만 치아 교정중이란다. 교정 틀을 물고 있었고, 그로 인하여 입안이 터져 피가 났었다고 반장한데 들었다.

"너는 우리 반 1등이다."

"……."

"모범생이니까 모범을 보여야지?"

"……."

"대우 퀴즈 대회에서 자전거 상금도 타고……. 우리 학교의 상

▲ 교복 차림으로 거리에 누운 어느 여고생. 공부를 잘하는 것과 교칙 위반 문제는 전혀 별개의 문제이다. (이 사진은 본 기사 속의 특정학교와는 직접적인 연관성이 없음 = 편집자 / 사진제공 : 온라인인물뉴스)

위권 학생이야, 너는?”

“…….”

“장래 국가의 지도자로 클 인물인데 허구헌 날 지각에 숨어 다니고 있으니 내가 보기에 한심하더라.”

“…….”

“지도자는 자기 관리가 철저해야 해…….”

내가 일방적으로 이야기하였다. 정아는 듣기만 하고 눈물을 뚝뚝 떨어뜨리고 있었다. 정아는 고쳐야 할 부분이 있었다. 내가 의도적으로 충격요법이 필요하다고 생각하고 있었다. 그러나 자기 깜냥에는 고3 여학생에다, 이렇게 혼나본 적이 없을 거라는 생각이 들었다.

정아는 자기 관리가 부족한 학생이다. 집에서 혼자 공부하는 것이 더 좋다고 하여 아침 자율학습, 저녁 자율학습을 모두 빼줬다.

그때 분위기는 학급의 학습 분위기를 위하여 모든 학생을 반 강제로 남겼다. 정아는 우리 반에서 담임의 특별대우를 받고 있었다. 다른 학생들은 7시 30분까지 등교하였다. 그러나 정아는 아침 등교시간이 8시 50분이고, 담임 조회시간인 9시 10분까지만 교실에 도착해 있으면 지각이 아니다. 그렇게 특혜를 받고 있으면서도 1교시 시작시간인 9시 10분을 못 지키고 있었다.

이 외에도 규칙 위반을 자주 했다. 예를 들어 학교 현관에 들어오면 실내화를 신어야 한다. 그런데도 정아는 자주 신발을 신고 다니다 적발되었다. 여러 선생님들의 눈에 띄었다. 멀리서 정아가 신발 신고 오다가 선생님과 마주치면 화장실로 숨거나 옆 다른 반 교실에 피했다가 도망가는 것을 여러 선생님이 목격했다고 이야기해 주었다.

정아는 우리 반에 친한 친구가 별로 없었다. 다른 반 학생과 더 친하게 지나는 것 같았다. "정아는 공부는 잘 하는데 이기적이다."라고 반 학생 여러 명이 이야기해 주었다. 이런 이유로 정아의 행동에 변화를 불러오기 위해 때린 것이다.

"미안해. 정말 미안해."

"그동안 마음고생이 심했겠구나."

"용서해라. 그리고 너도 고쳐라."

"자퇴한다는 말은 못 들은 것으로 하마."

"앞으로 좋은 인연으로 지내자."

나는 정말 정아의 행동에 변화를 불러오지는 못해도 자퇴만큼은 막아보려고 평소 나답지 않게 많은 말을 하며 정아를 달랬다.

그 후 정아의 지각 횟수는 줄어들었지만 그 외의 규칙 위반 행동들은 완전히 고치지지가 않았다.

MBC 퀴즈 대회에서 주 장원.

졸업 때 공로상 수상자.

"정아는 정말 담임 때문에 공로상 탔어!"

졸업식 때 어느 동료 교사가 한 말이었다.

그 학생은 졸업 후 이화여자대학에 진학했다. 언젠가 만나면 다시 한번 깊이 사과하려 하였으나 한 번도 만날 수가 없었다.

내 마음속에 가장 크게 남는 미안함을 남긴 사건이다.

맷돌 돌리는 성실성이
꿈을 일군다

기억이 가물가물 하지만 89년 5월로 기억된다. 일요일인데 집으로 전화가 왔다.

"선생님 저 구ㅇ회인데요, 집에 계실 거죠? 지금 갈게요."

2시간 후 구ㅇ회 학생과 신현동 주공아파트(현재의 하늘채) 정류장에서 만났다. 학생은 집으로 들어오자마자 점퍼 품속에서 소주 한 병과 비닐봉지를 꺼냈다.

방금 자신이 직접 만든 메밀전이란다. 김이 무럭무럭 났다. 소반을 사이에 두고 소주잔을 서로 나누다 추억이 된 옛날이야기를 하게 되었다.

구○회 학생은 맷돌을 돌리면서 외우던 영어단어와 본문을 매일 검사해준 선생님이 고마웠단다. 맷돌을 돌리면서 공부하는 착한 아들이라고 칭찬도 많이 들었단다. 아들 덕분에 엄마는 장사가 잘되어 저축통장이 생겼고 대학의 꿈을 키웠단다.

서강대학교 1학년 학생, 정말 대견하다.

중학교 3학년 때, 학교 자율화 바람으로 자율학습이 없었다.

그렇지만 형식상 학생들과의 협의 아래 3학년들은 그때도 1시간 ~ 2시간 정도 자율학습을 실시했다.

그런데 구○회 학생은 수업이 끝나자마자 집에 가야 한다고 말했다. 이유인즉 어머니가 현대시장(인천광역시 동구 송림동 소재) 입구에서 좌판을 깔고 메밀전을 만들어 판단다. 어머니가 힘들기 때문에 자신이 가서 메밀과 녹두를 맷돌로 갈아주어야 한단다.

구○회 학생은 2학년 때 강원도에서 전학을 왔다. 어려운 가정 사정으로 집안 일을 돕는다는 학생이 기특해 보였다. 몇몇 학생들이 거짓말을 하고 피해 가는 일이 종종 있었기에 못 믿어서가 아니라 확인하는 버릇이 생겨 확인했다.

책상을 마주보고 앉은 정애숙 수녀님이 2학년 때 담임이었다.

아주 착실하니 믿어도 된다고 했다. 학생을 집에 보내주기로 했다. 그 대신 다른 학생이 자율학습 시간에 공부하는 영어단어와 본문 암기, 수학 숙제는 아침 자율학습 시간에 검사하기로 했다.

구○회 학생은 숙제를 성실히 이행하였다. 영어단어는 맷돌을
돌리면서 외우고 어머니가 장사할 재료를 준비해 놓고는 집에 일
찍 들어가 나머지 공부를 한다고 하였다. 약속을 한 번도 어기지
않았다. 참 성실한 학생이었다. 강원도 감자바위 구○회는 졸업식
장에서 우등상을 받고 고등학교에 진학했다.

그 후 고등학교에서 장학금을 받는다는 소식을 들었다.
그런데 그가 대학생이 되어 찾아왔으니 새삼 감개가 무량했다.

지금도 무럭무럭 김이 나는 메밀전이 눈에 선하다.
군에 간다는 소식을 전해 듣고는 아직 그 후 소식은 듣지 못했
다.
아마도 지금쯤은 성실한 사회의 일꾼이 되어 있을 것이다.

진드기 같은 놈, 독사 같은 놈, 기특한 놈

효석이(가명)는 우리 반의 왈패다. 키가 작달막하고 호리호리하지만 뚝심이 있어 다른 애들이 잘 못 건드린다. 별명은 '진드기', '독사'란다. 한번 잘못 건드리면 끝까지 덤벼든단다. 싸움할 때는 상대한테 맞으면서도 발악발악 대든단다. 상대가 질려서 아예 피해 다닌단다.

집이 무척 멀었다. 정확하지는 않지만 인천광역시 남동구 서창동 쪽으로 알고 있다. 지각도 자주 한다. 차편이 여의치 못하여 버스를 놓치면 번화가인 간석5거리까지 걸어 나와야 한단다.

그럴 때는 친구들과 어울리다 핑계김에 아예 결석을 해버린다.

당시 만수동 주변은 배밭 지대이고, 석바위를 지나 소래포구 가는 길로 접어들면 남쪽으로 돌산(지금의 인천광역시 중앙도서관 자리)이 있다. 양지 바른 바위산은 농땡이 학생들의 놀이터로는 제격이었다.

8월 말 개학일인데 효석이는 그날도 결석했다. 그런데 오후 늦게 파출소에서 전화가 왔다. 효석이를 담임이 와서 데려 가랜다.

그날도 학교가 늦으니까 결석을 했고, 주안염전에서 수영하면서 놀다가 배가 고프니까 포도를 따먹고 물놀이를 한 모양이었다. 그런데 주인이 포도껍질을 보고 옷을 몰수하고 학생들을 붙잡은 것이다. 돈은 있을 턱이 없다. 집은 멀고 하니까 파출소에서 학교로 전화를 한 것이다.

그때는 학생들의 범죄에 대해서는 담임이 보증을 서면 학생을 인도해 주었다. 일반 주민들도 담임이라고 하면 봐주는 시기였다. 담임이 보증을 서고 다시는 못된 짓을 하지 않는다는 각서를 쓰고 효석이는 훈방되었다.

10월 어느 날 효석이는 다시 결석했다. 그날 효석이는 석바위 돌산 밑(지금의 동인천중학교 자리) 과수원에서 배서리를 하다가 잡혔다. 다음날 학교에 부모님과 같이 오라고 하였다. 그때는 전화가 없었다. 이장네 한 집에 전화가 있고 급한 전화는 전달을 해줬다. 그러니 전화를 함부로 할 수가 없었다. 부모님과의 연락은 위급한 일이 아니면 학생을 통해서 했다. 다음날 조회시간에 효석이가 혼자서 왔다. 교무실로 오면서 "부모님은 언제 오신

데?” 하고 물었다. 교무실로 들어와 책상 앞에 앉으니까 뒤따라오
던 효석이가 갑자기 무릎을 꿇었다.

“한번만 더 용서해 주세요.”

“안 돼!”

“다시는 안 할게요.”

“야 이놈아, 네 말을 어떻게 믿어?”

“선생님, 믿어 주세요.”

“넌 결석만 했다 하면 내가 불안해 죽겠어”

“진짜 약속해요. 예에?”

“안 돼.”

“사나이대 사나이로 약속할게요.”

“하, 요놈 봐라.”

다른 때와는 다른 모습이었다. 웬만하면 사과를 않는 학생이었
다. 싸워서 혼을 낼 때도 좀처럼 본인의 잘못을 인정하지 않는 고
집이 있는 놈이다. 결석이 문제였다.

“너, 사나이의 약속이라고 했지. 다시는 결석 안 할 수 있어?”

“네.”

“각서 써.”

그 이후 효석이는 겨울이 올 때까지 결석을 한 번도 하지 않았
다.

겨울 어느 날 유난히 눈이 많이 왔다. 교통은 두절되고 난리였

▲ 인천광역시 남구 주안동에 위치한 주안역과 인근 고층 건물들(현재의 주안역 북광장 쪽은 1970년대만 해도 소금을 만들던 염전이 바둑판처럼 펼쳐져 있었고 학생들은 오며 가며 염전에서 멱을 감고 놀기도 했다)

다. 학교에 출근하니 집이 가까운 몇몇 학생만 등교했다. 교사도 지각이나 결근이 생겼다. 수업을 할 수가 없었다.

1교시 중간에 교육청으로부터 휴교령 전통이 떨어졌다. 학생들을 돌려보내고 잡무를 보고 있었다. 교직원 식당은 식사 준비가 된다고 하였다. 점심 식사 후 바둑이나 두자고 약속하고 식당으로 가는데, 운동장에 한 학생이 걸어오고 있었다. 나는 식당으로 가다 말고 그 학생을 지켜봤다.

"선생님!"

▲ 옛날 소래포구로 가는 석바위 남쪽 돌산 자리에 건립된 인천광역시 중앙도서관(이 사진은 인천시청에서 바라본 중앙도서관 모습이다=편집자)

“효석아, 웬일이야?”

“……?”

“휴교인데, 왜 왔어?”

“약속했잖아요?”

“이놈의 자식! 춥겠다, 빨리 와.”

4시간 걸렸단다. 바지와 신발이 온통 다 젖어 있었다. 교무실로 데려갔다. 내 추리닝으로 갈아 입히고 신발과 옷을 난로에 걸어놓고 식당으로 데려가 같이 식사를 했다.

버스가 오지 않아 기다리다 선생님과의 약속을 지키려고 걸어서 왔단다. 경인국도를 따라 왔고, 중간에 휴교라는 사실을 들었지만 학교까지 왔단다. 선생님과의 약속을 지키려고. 나는 젖은 옷을 말려 입히고 내 양말과 단화를 신겨서 학교 목공실에서 새끼줄을 찾아 발에 감발을 쳐서 기상이 더 악화되기 전에 내몰 듯 집으로 돌려보냈다.

"약속했잖아요?"

학생에 대한 기억도, 졸업 연도도 가물가물하지만 이 단어가 이렇게 내 머리 속에 각인될 줄이야.

기특한 놈!

선생님 아버지와 비탈에 선 나무들

1996년 3월 6일.
부광여고 3학년 담임시절.
정ㅇ선 학생을 면담했다.

4일 전인 3월 2일 담임 첫 시간에 자신을 소개할 수 있는 성장기를 적어서 제출하라고 했다. 3월 3일부터 매일 몇 명씩 오후 자율학습시간을 이용하여 그 자료를 바탕으로 면담을 실시했다. 정ㅇ선이가 제출한 성장기를 보니 3살 때 아버지가 돌아가셨다. 생계는 엄마가 직장을 다니며 책임지고 있다. 가정이 넉넉하지 못했다. 오빠와 언니가 있다. 합창동아리 에클레시아에 들어 활동하고 있었다.

"아버지가 안 계시네?"

"네."

"아버지가 살아 계시면 나이가 나와 비슷한 것 같네?"

"그럴걸요?"

.

.

.

"열심히 해."

"네에."

"선생님을 아버지라고 생각하고 어려운 일이 있으면 내게 말해. 도울 수 있으며 도울게."

"그런 말을 초등학교 때부터 들었어요!"

정ㅇ선이와는 그런 대화를 주고받으며 면담을 끝마쳤다.

저녁 9시가 넘었다. 좀 일찍 퇴근하던 한상옥(현 신현고등학교 교감) 선생님이 행정실에서 인터폰을 했다. 선생님네 반 학생이 이상하니 좀 내려오라는 것이었다.

그 인터폰을 받고 아래층 현관에 내려갔더니 널부러진 여학생이 있었다. 옆에 가니 술 냄새가 확 풍긴다. 옆에는 좀 정신이 멀쩡한 옆에 반 친구 김ㅇ화가 있고, 우리 반 정ㅇ선이는 그로키 상태였다.

　다른 선생님이나 학생들의 눈에 띌까 봐 우선 1층 1학년 현관 옆 교실로 데리고 들어갔다. 3월이라 세면 바닥은 냉기가 심하였다. 얼른 책상 4개를 끌고 와 붙여놓고 학생들 의자에 놓여 있는 방석을 모아 놓고서 그 위에 뉘였다. 아까부터 뭐라고 계속 입으로 주절거렸지만 정ㅇ선이를 옮기느라 귀담아 듣지 않았는데 여유가 생기니 그 말을 들을 수 있었다.

　“야, 개가 나보고 아버지라고 하래.”

　“야아, 웃겨!”

　“개가 왜 내 아버지야?”

　“야아, 웃기지 않냐?”

　혀 꼬부라진 소리로 술 주정을 반복했다. 옆에 앉은 김ㅇ화 학생은 어쩔 줄을 몰라하며 정ㅇ선의 입을 손으로 막으며 말을 못하게 하려고 애를 썼다.

　“야, 야, 담임이야!” 하고 귀에 대고 계속 속삭여 댔다. 그러나 정ㅇ선이는 인사불성이었다.

　정ㅇ선이가 조용해진 뒤 자초지종을 물으니 저녁 먹으러(그때는 학교 식당이 없어 저녁이면 학생들이 밖으로 나가 밥을 사먹었다) 나갔다가 라면을 먹으면서 소주 두 병을 사서 정ㅇ선이는 1병 반을 먹고 진화는 반병을 먹었단다. 저녁도 변변찮은데다 안주 없이 먹은 술이 정신을 빼앗아 갔나 보다. 조금 있으니 토하기 시작

▲ 인천광역시 부평구 삼산동 458-1에 소재한 삼산월드 체육관 입구.

했다.

　라면발과 시큼한 냄새가 진동했다. 나는 교무실로 뛰어가 휴지
와 수건을 가지고 와서 치우기 시작했다. 더러운 줄도 모르고 치
웠다. 술 뒷바라지는 군대시절부터 이골이 나 있던 나다.

　몇 차례 토하더니 잠잠해지면서 잠이 들었다.

▲ 옛날 누렇게 벼가 익은 논들에 들어선 인천광역시 삼산월드 체육관 주경기장 위용.

다음날 수업에 지장이 없도록 냄새를 제거하기 위하여 교실 바닥과 책상 위를 말끔히 치웠다. 더러워진 방석 1개는 쓰레기장에 버렸다. 시간은 11시 30분이 넘었다. 밤은 깊었는데 술 취한 저 여학생을 어쩌나?

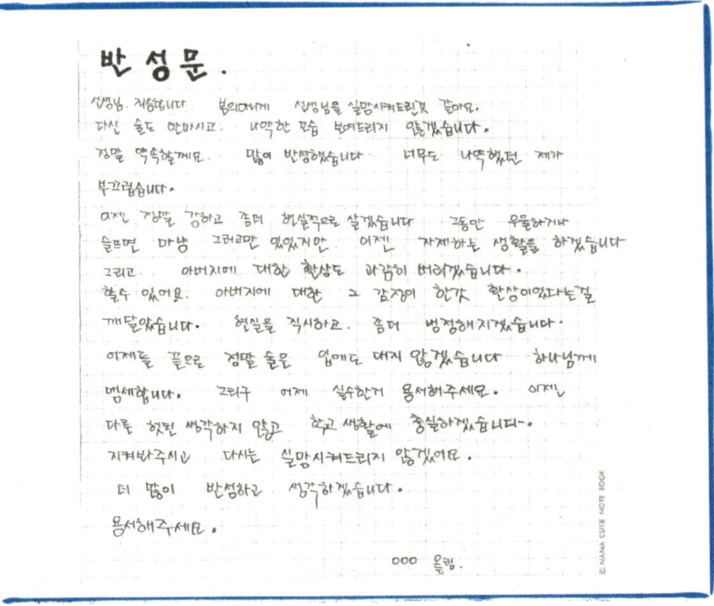

▲ ○○○ 학생이 그 다음날인 3월 7일 담임이었던 저자에게 제출한 반성문.

　해결 방법이 묘연했다. 정○선 친구 김○화의 집이 가정동 나와 같은 방향이었다. 내 차가 있으니 방향이 같은 김○화네 집이 제일 좋은 해결책이었다. 정○선 집에는 김○화를 시켜 친구 집에서 잔다고 연락하고, 언니와 둘이 잔다는 김○화 언니한테 전화를 했다. 오늘 하루 정○선이를 잘 부탁한다고 양해를 구했다.

　다음날 출근하여 교실에 먼저 가보니 정○선이 자리에 누워 있었다. 조회 시간에 교실에서 곁눈으로 흘깃 보니 엎드려 있다가 일어나 앉아 있는데 얼굴은 하얗고 죽을상인 것 같다. 모르는 척 나와서 그날 수업하는 교과 선생님들한테 "오늘 정○선이가 많이 아프니 자더라도 깨우지 말라."고 부탁했다. 정규 수업이 끝나고는 일찍 집에 보내 줬다.

　다음날 출근해 보니 책상 위에 반성문과 박카스 병 크기의 작은 병에 꽃 한 송이가 놓여 있었다. 꽃은 종류만 바뀌면서 시들지 않고 계속 이어졌다. 4월 소풍 때 내 팔을 바짝 잡은 정○선이와 찍은 사진은 누가 봐도 부녀지간 같았다. 그 사진이 든 손바닥만한 크기의 액자가 꽃병과 같이 1년 동안 내 책상 위를 지켰다.

　그날 있었던 일은 한 마디도 말한 적이 없다. 계속 모르쇠로 나갔다.

　10월 어느 화창한 날 반 학생들에게 잠시 맑은 공기를 선사하고 싶었다. 반장을 불러 자율학습 시간에 운동장에 모이라고 했다. 준비물은 1개 분단에 플라스틱 병 1개씩이라고 했다. 구령대 앞에 긴장된 학생들이 4열 횡대로 서 있었다. 그때는 잘못하면 담임이 자율학습 시간에 단체 벌을 주었다. 영문을 모르는 학생들이 "야, 뭐야?", "뭐야?" 하면서 이유를 알려고 웅성댔다.

　"앞으로— 가앗!"

　"뒤로 돌아 가앗!"

　"좌향 앞으로 가앗!"

　그렇게 한동안 학생들을 걷게 만들다가 정문 쪽으로 학생들을 인솔했다.

　"지금부터 메뚜기 잡으러 간다."

　"한 분단에 1병씩 잡아야 한다."

“장소는 저 누렇게 익은 논이다.”

반 학생들을 누렇게 벼가 익은 논(지금의 삼산체육관 자리) 두 렁을 걸으면서 메뚜기를 잡게 했다. 메뚜기가 없었다. 있어도 소 리만 질렀지 잡지도 못했다. 내가 몇 마리 잡고는 끝이었다. 나의 추억으로 이맘때 논두렁을 거닐면 내 팔, 다리, 몸에 붙는

메뚜기들이 지천이었는데 그날은 볼 수가 없었다. 농약의 영향 인 것 같았다.

그런 일이 있고 난 다음부터 나는 자율학습을 빼먹는 별난 선생 이 되고 말았다. 논두렁 풀에 뜯긴 스타킹 사내라고 원성도 들었 다. 메뚜기라는 별명도 얻었다. 그 후에 정ㅇ선이가 준비한 꽃병 에는 메뚜기(고무로 만든 실물과 꼭 같은 메뚜기 모형) 두 마리가 친구로 같이 마주 보고 있었다.

졸업 후 정ㅇ선이와 만나면 “술 많이 늘었어?” 하고 그동안의 안부를 물었다.

“아이 하, 하, 하!(둘만 알 수 있는 비밀)”

그 후, 합창단의 인연으로 만난 남친과 결혼한다고 청첩장을 보 냈다.

용산예식장에서 본 후 소식이 없다.

교장선생님과 친했던
1학년 왕꼬마

3월 2일.

신학기 개학식과 입학식이 겹치는 날이라 좀 일찍 학교에 갔다. 현관으로 들어서니 신체 장애가 있어 양어깨에 지팡이를 짚고 있는 어른과 아주 왜소한 학생 1명이 의자에 앉아 있었다.

"어떤 일로 오셨습니까?"

여쭈어 보니 신입생 학생과 그 학생 아버지란다. 아들이 학교에 안 가려고 해서 담임을 만나고 아들을 부탁하려고 한단다. 거절하는 것을 아들에 대하여 우선 나한테 이야기하자고 하면서 교장실로 안내를 했다.

이야기를 듣고 보니 아들이 학교에 적응을 못한단다. 초등학교에서 학교를 자주 빠졌고 가출을 여러 번 했단다. 아버지는 장애를 가진 몸이라 정부의 도움으로 생활한단다. 어머니는 어려서부터 없었단다. 친구들이 놀리고 때려서 학교를 기피한단다.

"너 학교가 싫어?"

이야기를 다 듣고 내가 학생에게 물었다.

"안요."

"중학교에서도 결석할 거야?"

"안요."

학생은 두리번두리번 시선을 한곳에 두지 못하는 것이 집중력이 떨어지고 불안정해 보였다.

"사탕 먹어라."

내가 탁자 위의 사탕을 집어 주었다.

"교장실에 와 봤어?"

"안요."

"앞으로는 자주 와라."

학생은 아주 왜소했다. 초등학교 3학년 정도 되어 보였다. 입학생 중 가장 작은 키였다. 입학식 때 맨 앞에 서 있었기에 내 눈에 띄었다. 저렇게 어리고, 친구도 없고, 어머니도 없으니 놀림감이나 되니 학교에 가겠는가!

내가 보호해야겠다는 생각이 들었다. 담임한테는 내가 저 학생한테 신경 쓸 테니 부담 갖지 말라고 부탁 겸 허락을 받았다. 자기 반 학생을 교장이 생활지도 하면 좋아할 담임이 어디 있겠는가!

그 후 학생과 친해지기 위하여 복도에서 만나기만 하면 교장실로 데려와 사탕을 주면서 옆 친구 갖다주라고 했다. 친구가 놀리거나 때리면 교장선생님한테 이른다고 말하고 그 친구를 교장실로 데려오라고 했다. 4월 어느 날 점심시간에 열어놓은 문 가림막으로 그 학생이 얼굴만 내밀며 부른다.

"교장선생님!"

"어, 들어와."

교장실로 들어오면서 뒤에다 대고 "너희도 들어와." 하면서 뒤따르는 친구들을 손짓한다.

"거봐, 거짓 말 아니지?"

학급 자기 주변 친구들한테 교장선생님과 친하다고 한 모양이다. 친구들이 거짓말이라고 하면서 안 믿으니까 확인시켜 주기 위하여 데려온 모양이다. 내가 사탕을 주니 친구들이 쭈빗대며 받지 못하자 "먹어." 하면서 훈수도 할 줄 안다.

그 모습이 의기양양했다. 휴식시간에 복도를 지나가다가 교장실 문이 열려 있으면 고개만 내밀고 "교장선생님!" 하는 모습이 예전과는 달리 퍽 자연스러워지기도 했다. 그런데 어느 날인가는 울면서 교장실로 왔다. 왜 그러느냐고 물으니까 친구가 때렸단다. 내가 말했다.

"가서 데려와."

고만고만한 세 놈이 불려왔다

"왜 그랬어?"

"때린 게 아녀요!"

"그럼?"

"장난친 건데……."

"싫다는데 계속 했잖아."

"그래, 알았어. 애가 몸집이 작잖아. 너희는 장난이지만 이 앤 아픈가 봐. 심하게 하지마. 알았지?"

"네."

"넌, 친구가 장난치면 같이 놀아야지 장난과 싸움도 구별하지 못해?" 사탕을 나누어주면서 악수하고, 손가락 걸며 약속을 하도록 시켰다. 그 뒤로 교장의 먹다 남은 떡, 과일, 음료수는 그 학생의 간식이 되었다. 여름에 에어컨이 있어 시원하다며 교장실 소파에 눕기도 하였다.

든든한 후원자가 있는 것을 많은 1학년 학생들이 알고 있었다.

그런 탓인지 그 왕꼬마는 친구가 생기고, 웃음도 많아지고, 결석과 지각도 없었다.

2학기부터는 오는 횟수도 부쩍 줄었다. 1학년을 무사히 보내고 어느덧 2학년이 되었다.

아직도 난쟁이 딱지는 못 뗐을까?

밤에는 CCTV에 안 찍히는 줄 알았어요

2007년 4월 25일.

8시 20분경 학교 정문으로 들어서니 교감선생님은 손에 휴지 같은 것을 들고 있다. 남자 선생님들은 바닥을 닦느라 분주했다.

승용차에서 내려 살펴보니 그간의 분위기를 알 것 같았다. 선생님들이 철거 중인 스프레이 입간판 철거작업을 중지시키고 카메라를 가지고 와서 그 광경을 사진으로 남기게 했다. 스프레이 글씨를 지우고 입간판을 철거하는 일은 설치한 사람이 하도록 그대로 보존하도록 당부했지만 교감선생님이 민망하다고 굳이 철거했다.

▲ 학교 정문 벽에다 두발 자유를 외치며 면 테이프로 벽보를 부치고 그 밑에다 사인펜으로 욕설과 두발자유를 외친 격문을 적어놓은 모습.

학교 정문의 방음벽과 시멘트 바닥, 현관 벽 공간에는 스프레이로 교장에 대한 욕설을 써놓았다. 가로수와 현관 벽에는 연 걸리듯 두발 자유에 대한 문구로 가득했다.

긴급회의 후 교감과 교무, 학생부장에게 다음과 같은 지시를 내렸다.

1. 금일 3교시에 전교생에 대한 교장의 해명이 있을 계획이니 각반 교실의 선생님들은 수업을 중단하고 방송을 들을 것.
2. CCTV 녹화를 확인하여 중요장면을 3~5분 정도 캡쳐할 것.
3. 떼어낸 게시물을 2층 복도에다 게시 할 것.
4. PPT 자료를 급히 만들고 해명서를 만들어 복도에 게시할 것

등을 지시했다.

3교시가 되었을 때 방송을 통하여 PPT 자료를 보여주었다. 동영상 CCTV까지 보여준 뒤 점심시간까지 이번 사태를 일으킨 당사자가 자수하면 관대하게 봐 주지만 그 이후 적발되면 엄벌한다고 선언했다.

3교시 끝날 때쯤 11명의 학생들이 자수했다. 역시 말썽꾸러기들이었다.

캄캄한 어젯밤 11시 50분부터 12시 30분 사이에 일어난 일이었다. 경비 아저씨도 잠들고, 어두워서 CCTV에 안 보일 걸로 생각했단다. 학부모회 간부들의 자녀도 끼어 있어 소식을 들은 학부모들이 교장실로 달려와서 어쩔 줄을 몰라 하며 죄송하다고 사과를 했다. 교장에 대한 육두문자를 스프레이로 써놓은 흔적을 보고 학부모들이 지우느라 야단법석이었다.

사건의 진상을 다 파악하고는 학생들이 참 똑똑하다고 생각했다. 혹시 누구의 사주를 받지 않았나 할 정도로 치밀하기도 했다. 학생부장에게 처벌을 약하게 하고 학생들의 자숙을 유도하도록 지시했다.

'약점을 잡힌 거물들이 조용할 테니 올해 1년은 조용하겠구면……'

스스로 제 발등을 찍은 사고뭉치들을 생각하니 웃음이 절로 나왔다.

해 명 서

"두발제한 폐지하고 학생인권 보장하라."
"두발자유는 학생의 기본권"
— 국가인원위원회, 2005.

"학교는 군대가 아니다 학생인권 침해 중단하라."
"교육부는 국가인권위원회 권고를 준수하라."
— 유엔아동권리위원회 한국정부심사회의, 2003

"학생회 탄압 말고 자치권 보장하라."
"아동의 결사의 자유를 보장하라."
— 유엔아동권리위원회 한국정부심사회의, 2003

"학생도 인간이다 인격적으로 대우하라."
"학교 규율은 아동의 인간적 존엄성에 합치되어야"
— 유엔아동관리조약 제28조

※ 위 내용들은 2007년 4월 25일 아침 학교 정문에 게시된
것을 철거한 것입니다.

위 내용을 정리해 보면 첫째, 두발제한, 둘째, 학생회 탄압, 셋째, 인격적 대우를 요구하며, 학생들의 인권보장을 말하고 있다. 이를 해명하면 다음과 같다.

1. 두발

학생들의 두발 문제가 2005년도에 부각되었을 때 서운중학교는 학생(53.3%), 학부모(67.4%), 교사(68.03 %)들의 찬성과 의견수렴을 거쳐 학교 규정을 다시 정리한 결과 2006년 6월 학교운영위원회 심의를 거쳐 지금의 규정이 나온 것입니다.

이 규정은 국가인권위원회가 권고한 대로 학생, 학부모, 교사들의 의견 수렴에 의한 것이므로 준수하여야 합니다. 만약에 지금의 규정이 부당하다면 정당한 절차를 거쳐 학생생활 규칙을 개정하여야 합니다. 개인의 생각대로 인권이니 기본권을 운운하는 것은 절대 있을 수 없는 처사입니다. 교칙은 반드시 지켜져야 합니다.

2. 학생회 탄압

있을 수도, 있어서도 안 되는 일입니다. 학생회 탄압은 학생회 조직의 임원들에게 확인하여야 합니다. 위 글(벽보, 낙서)을 쓴 학생은 꼭 확인해 보고. 그 증거를 제시하기 바랍니다.

3. 인격적 대우

서운중학교는 학생들을 인격적으로 대우합니다. 교칙을 위반한 학생이 처벌받는 것은 당연한 일입니다. 학교에서 정상적으로 행동한 학생의 인격을 무시한 경우가 있으면 정식으로 학교장에게 항의하시기 바랍니다.

　위 내용은 서운중학교 학생 전체의 의견이 아니고 학생 개인이 자신의 생각을 그대로 표출한 것으로 생각됩니다. 학교생활은 사회생활을 학습하는 과정입니다. 사회에서 법을 지켜야 하듯 학교에서는 교칙을 지켜야 합니다. 사회에서 법을 어기면 처벌을 받듯, 학교에서 학칙을 어기면 지도를 받아야 합니다. 아울러 이러한 방법은 배우는 학생답지 못합니다. 부당하거나 모순된 것이 있으면 정당한 절차를 거쳐 제안하시기 바랍니다.

2007. 4. 27.

서 운 중 학 교

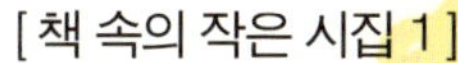

아카시아 꽃향기

유 병 철

氣가 막혀
나보고 바람 핀대
내 몸에서 아카시아 분 냄새가 난다나?

아카시아 꽃으로 밥 짓고
찔레꽃 새순으로 반찬 만들던
소꿉친구 내 색시 금자.

아카시아 꽃에 묻어나는 옛 향기
향기 두 볼에 묻어나면 가슴을 띈다.
그 색시 잘 있겠지?

내 색시
가슴 속에 색시 있는 것 어떻게 알았지?
귀신이네.

제3부

가정이 바로서야 학교 교육이 빛을 낸다

학생의 생활습관을 보면
부모의 얼굴이 보인다

"교장 선생님, 빨리 5층 미술실로 가보세요."

어느 학부형이 교장실을 급히 노크하면서 뛰어 들어와 외쳤다.

"왜, 그러세요?"

"어느 학생이 선생님한테 쌍욕을 하고 난리에요……!"

5층 미술실 일부를 나누어서 준비실 겸 학부모 서예반 동아리 교실로 활용하고 있던 때였다. 옆방에서 수업 시간에 선생님과 학생이 다투었다. 학생이 쌍욕을 하는 것을 듣고 학부모가 놀라서 교장실로 뛰어온 것이다. 어머니를 앞세워 급히 뛰어 올라갔지만 교실은 잠잠해진 상태였다. 선생님은 기가 막혀서 가만히 서 있고, 학생들도 조용히 앉아 있었다.

사태는 수습되고 있는 참이었다. 사유를 물었지만 누구도 사태 파악에 도움이 되는 말을 해주지 안았다. 침묵하던 교사가 말했다.

"죄송해요, 제가 수습하겠습니다."

사태를 대충 알았기에 그냥 넘어갈 일이 아니었다.

"반장 가서 교감선생님과 학생부장 오시라고 해" 나의 지시에 따라 교감선생님과 학생부장이 도착했다.

"오늘 있었던 일을 세밀하게 조사하세요. 교감 선생님은 교사를, 학생부장은 학생들을 세밀하게 조사하세요." 하고 지시를 내렸다.

조사 결과를 정리하면 전말은 이랬다.

여학생 3명이 늦게 들어와서는 계속 떠들었다고 한다. 교사의 제재로 잠시 조용하다가는 다시 떠들었단다. 교사의 지도에 말대꾸를 하다가 마침내 교사와 학생간에 말싸움이 되고 말았단다.

여학생을 복도에 세워 놓았단다. 그러자 남학생이 끼어 들었단다(남학생과 여학생이 친하다고 함). 그러자 상황은 남학생과 교사의 말다툼으로 전개되고, 예상치도 못한 상황 앞에 교사가 참다 못해 "너도 나가라."고 하자 남학생이 일어나 나가면서 쌍욕을 퍼분 것이었다.

▲ 교칙을 어겨 반성의 시간을 갖고 있는 여학생들.

· 교사는 조사 과정에서 "창피하다. 더 이상 문제삼지 않았으면 좋겠다."고 두 번이나 교장실에 면담하면서 진정하였다.

· 교사도 3학년 '고등학교 지원원서' 접수 후 수업 준비에 소홀한 점이 인정되었다.

· 평소에 학생을 무시하는 언행으로 갈등이 내재되어 있었다.

· 학생은 평소에 불량하고 두발 지도에 불응한 학생이었다.

· 몇 차례 징계를 받았다.

· 전학 온 학생이었다.

[조사결과 학생에 주어질 예상 징계 수위]

· 중징계 감이었다.

▲ 교칙을 어겨 반성의 시간을 갖고 있는 남학생들.

· 문제가 많은 학생이었다.
· 퇴학이 금지된 의무교육 대상이었다.

[해결 방향]

· 담당 교사의 간곡한 부탁도 있어 징계 수위를 참작.
· 3학년 학생임을 감안하여 반성을 촉구 및 돌출 행동 자제를
  요구.

제1차 교장실에서 학생 면담을 하였다. 녹차를 나누면서 주변이
야기, 장래 이야기를 하였다. 두발이 유난히 길었다. 규정에 어긋
난 머리 깎기를 부탁하였다. 그러나 대답이 없다. 언제까지 머리

를 깎겠느냐고 물어도 대답이 없다.

"머리 깎기 싫어?"

"네."

"안 돼. 꼭 깎아야 돼."

1주일의 시간을 주었다. 그러나 1주일 후에 학생이 오지 않아 학생부에 확인한 결과 시정이 되지 않았다는 보고가 들어왔다.

[제2차 학부모와 학생을 동시에 면담하다]

부모님의 면담을 요구하면서 가능하면 아버지를 오시라고 했다. 아버지는 지방에 있어 오지 못하고 어머니가 오셨다. 학생과 같이 앉아서 학생의 문제를 이야기하고 규칙을 지켜야 한다는 것을 강조했다. 학교 규정을 지키는 것은 사회생활의 법을 지키는 학습임을 강조했다.

"아드님이 머리 깎기를 거부하네요."

"애가 말을 잘 안 들어요. 고집이 셉니다."

"부모님 말도 안 듣고, 교사의 말도 안 듣고, 그럼 어떡하죠?"

"교장 선생님, 한 번 봐주세요."

"뭘 봐 달라는 말입니까? 교사에 불손한 행동에 대한 처벌 말입니까, 아니면 두발을 말하는 것입니까?"

"둘 다요. 3학년에다 두 달이면 졸업이니까요."

"어머니, 졸업이 문제가 아닙니다. 아드님은 통제가 필요한 학생인데 통제가 안 됩니다. 지금도 문제지만 앞으로가 더 큰 문제입니다. 고등학교에 들어가고 좀더 커지면 그때 가서 후회하십니다.”

“머리 하나 가지고 뭘 그러세요, 애가 싫다는데 좀 봐주면 안돼요? 학교에서 강제적으로 하니까 애가 학교 가기 싫어하잖아요!”

“머리 자르는 것은 머리 길이 자체보다는 지도를 수용하는 자세의 상징입니다. 교장이 지시했는데도 시정하지 않았어요. 이는 우리 학교 어느 교사도 지도할 수 없다는 의미입니다. 어머니가 학생의 머리를 자르도록 하세요.”

“애가 말을 안 들어요. 이제는 커서 어쩔 수 없어요. 얼마 안 남았으니 그냥 졸업이나 시켜 주세요.”

어머니는 재차 졸업을 강조했다.

“절대, 안 됩니다. 너 머리 깎아.”

“싫은데요!”

어머니에게 재차 당부했다.

“멱살을 잡아서라도 규정대로 하세요. 아들이 부모의 말을 듣게 해야 합니다. 나중에 크게 후회하십니다. 아버지와 상의하세요. 교장의 말도 안 듣는 아들은 학교에서 더 이상 교육할 것이 없습니다. 교장은 댁의 아들로부터 다른 학생을 보호해야 합니다. 3일 후 선도위원회 때까지 꼭 시정 바랍니다.”

3일 후 선도 위원회가 열렸다. 학생은 시정을 거부했다. 어머니도 선도위원회에 참관해 결정 내용을 함께 들었다.

[선도위원회 결정 내용]

1. 등교 정지.

2. 정신과 치료 및 정신 상담.

3. 부모님은 위의 결정이 시정되지 않으면 학생을 학교에 보내
  지 말 것.

4. 치료 및 상담을 꼭 실시한 후 증빙 서류 제시할 것.

5. 결석을 해도 출석일수에는 문제가 없으니 졸업은 가능하다고
  통지함.

6. 부모님은 사태의 심각성을 알아야 함.

이후 학생은 종종 학교에 나타난다는 소식이 들려왔다. 졸업식
날에도 학교에 왔다고 했다. 그런데 고등학교 진학 후 2개월 만에
퇴학 조치되고 보호 감찰 중이라는 소식이 들려왔다.

● 교사와 학부모님께

〈교사님께〉
· 현재 교실의 5% 이내의 학생들이 생활지도 집중관리 대상입니다.

〈어머님께〉
· 품안의 자식 과잉 사랑이 자식농사 버립니다.
· 품안의 자식일 때 요구대로 다해 주면 안 됩니다.
· "아버지가 알면 애 죽여요!" 하면서 감싸지 마세요.
· 미운 일곱 살 때 기본생활습관을 가르치십시오.
· 떡보다 매를 든 선조들의 지혜를 새기십시오.

가정이 바로 서야 학교 교육이 빛을 낸다

2007년 9월 1일 토요일.

서울 구로동에 있는 고려대 부속병원에 친구의 모친상 문상을 갔다. 이곳에서 '조한규' 라는 친구를 만났다. 1964년도 창영교회 고등부 학생들이 지금도 '창우회' 를 만들어 모임을 갖고 있다. 한규는 창우회 회원으로 호주로 이민을 갔다. 나이 들고 자식들이 성장하여 귀국 후 사업을 하고 있다. 2007년 4월에 아들을 결혼시키고 한국에 다시 돌아왔다. 어머니가 인천에 생존해 계시고, 장모님이 의정부에 계신다.

문상 후 호젓한 호프집으로 옮겨 그동안의 적조를 달래며 이런

▲ 어느 전철 안의 여고생들 (우리나라는 아직 학교, 가정, 사회교육이 따로 놀아 학교 안에서는 생활규칙을 잘 지키다가도 교문만 나가면 학생들이 생활규칙을 잘 지키지 않는다는 평가를 받고 있다/사진제공 : 온라인 인물뉴스)

저런 야기를 하게 되었다. 그런 이야기 중에 한국사회의 드러난 문제점이 논의되고 교육자인 나에게 질문을 하였다.

"지금 학교에서 예의나 질서운동을 가르치지 않니?"

"……."

"거리에 휴지, 담배꽁초 등을 마구 버리고, 학생들이 공공예절을 잘 안 지켜……."

"……."

"한국 학생들이 머리가 좋아 공부는 잘하는데, 상대를 배려하는 기본질서를 너무 안 지켜."

"학교에서는 예나 지금이나 변함 없이 교육은 해……."

내가 여러 사람들의 질문이 오고간 뒤에 비로소 한 마디 했다.

그러자 또다시 질문이 나왔다.

"그럼 교육을 받고도 안 지키는 이유가 뭐야? 너는 알게 아냐!"

"사람의 행위는 학교교육, 가정교육, 사회교육이 일치해야 실행이 돼. 근데 우리나라는 아직 많은 부분에서 학교, 가정, 사회교육이 따로 놀아. 그래서 학교 안에서는 지키다가도 교문만 나가면 안 지켜……."

'세 살 버릇 여든까지' 라는 속담처럼 어릴 때의 가정에서의 예절과 배려의 기본교육이 제일 중요하다. 학교의 지식과 가치관 교육이 그 다음이며, 사회에 나와 선배나 어른들이 실천하는 모습을 보고 배우는 것이 사회교육, 즉 가치관교육이다. 그 결과가 사회생활에서 나타나는 행동이다. 사회에 나가면 어른들이 질서를 안 지킨다. 이 사회교육이 우리는 부족하다. 국민의 의식이 변해야 한다. 선진문화국민이 되려면 3박자가 일치되어야 한다.

호주는 많은 가정이 어려서부터 자녀와 같이 책을 보고, 집안 일을 한단다. 여행도 같이 다닌단다. 거리에 나가면 어른과 아이가 함께 휴지를 줍고, 공공질서를 자연스럽게 지킨단다. 공부를 잘하면 좋겠지만 잘못해도 흉이 되지 않는단다.

어릴 때의 가정교육이 얼마나 중요한가를 일깨우는 이야기가 있다. 어릴 적 외할아버지가 해주신 이야기다.

옛날 한 시골에 금슬 좋은 부부가 살았다. 모든 것이 다 좋은데 슬하에 자식이 없었다. 부부는 정성을 다하여 치성을 드렸다.

하늘이 감복하였는지 얼마 후 기다리던 아들을 얻게 되었다.

처다만 보아도 행복하고, 아이의 모든 행동이 신기하고 귀여웠다. 어머니의 젖을 물면 엄마는 아픈 것보다 이빨이 날려나보다고 좋아했고, 아버지의 수염을 잡고 흔들면 엄마는 박장대소를 했다. 걸음마를 배우는 아들이 부지깽이를 들고 엄마를 때리려고 쫓아오면 집 뒤로 돌면서 "나 때려 봐~라." 하면서 뒷걸음치며 도망가곤 했다. 엄마를 때리면 두 부부는 "아야! 아야!" 하고 우는 흉내를 내면서 아들이 잘했다고 뽀뽀를 해줬다.

그런 환경 속에서 아들은 점차 크고, 아들 중심의 불량 양육이 이루어졌다. 아들이 잘못하는 일이 있으면 부부는 "우리가 얼마나 귀엽게 키웠는데…… 크면 잘하겠지……" 하면서 참았다.

그러나 아들은 부모의 기대와는 다르게 클수록 망나니가 되어갔다. 주위 사람들의 빈축을 사면서 꾸짖었지만 점점 말을 듣지 않았다. 나무를 해 와서는 밥을 늦게 준다고 작대기로 자기 노모를 때리기가 일쑤였다. 어느 날은 장가를 보내 주지 않는다고 연로한 자기 아버지의 수염을 잡아 흔들기를 다반사로 하였다.

그러나 부모는 늙어 기력이 떨어지고 아이는 장성하니, 가정교육이 잘못된 것을 뒤늦게 후회해 본들 소용없었다. 이미 때가 늦은 것이다.

● 학부모님과 교사님들께

시간이 갈수록 가정교육이 안 된 학생들을 더 자주 보게 됩니다. 자기중심적이고 이기적인 교사의 말을 듣지 않는 학생들이 늘어만 갑니다. 비록 부모가 때를 놓쳤다면, 힘들지만 교육자인 우리라도 원칙과 도리를 가르칩시다.

지금 이 시기를 놓치면 고등학교에서는 더욱 힘들어집니다. 잘못된 학생의 행동을 고치지 않고 그대로 사회에 내보내면 문화선진국은 요원합니다. 잘못 교육된 아이 하나가 우리 사회의 암이 될 수도 있습니다. 기본생활의 바탕 위에 지식교육이 이루어질 수 있도록 미래를 위해 열심히 인성교육에 임합시다.

마당 쓰는 젊은이를 보고
사윗감을 고른다

1988년도 3월 용현여중에 첫 부임해 3학년 담임을 할 때다.

3월 29일 청소 시간에 좀 늦게 교실에 갔다. 마루 바닥이어서 마른 걸레로 윤을 내고 있었다. 많은 학생들이 삼삼오오 둘러앉아 이야기를 하는가 하면 걸레를 발로 밟고 서서 이야기를 하고 있으며, 빗자루를 들고 뛰면서 야단법석이었다. 내가 교실에 가서 보니 놀다가 청소하는 척하는 학생이 대부분이었다. 그런데 한 학생이 열심히 걸레로 바닥을 닦고 있었다.

"청소 열심히 하네, 누구니? 얼굴 좀 보자."

내가 다가가 학생을 보니 전혀 기억이 안 났다.

"너, 누구냐?, 우리 반 맞아? 이름이 뭐야?"

하니까

"와 너무했어요!"

하고 옆의 학생들의 합창이 터져 나왔다.

"몇 번, 이름이 뭐야?"

하고 내가 다시 물으니까 그때서야

"29번, 주은옥."

하면서 말꼬리를 흐렸다.

"미안하다, 이렇게 열심히 청소하는 학생을 몰랐구나."

"……."

"내 약속하마. 네 이름을 평생 잊지 않으마!"

지금도 그 약속을 지키고 있다. 교사 초년에는 공부 잘하고 잘생긴 학생이 눈에 먼저 들어왔다. 그런데 40대가 되면서부터는 사람을 평가하는 기준이 달라졌다. 즉, 성실한 학생이 눈에 들어오고 마음에 두게 되었다.

나는 지금도 종종 청소시간에 교내를 다니면서 청소하는 여러 학생들의 모습을 본다. 열심히 청소하는 학생, 선생님의 눈앞에서만 청소하는 학생, 빗자루만 들고 다니는 학생, 청소시간이면 매점이나 화장실을 가는 학생들을 본다.

이 작은 행동을 보고 나는 마음속으로 안타까울 때가 많이 있다. 청소하는 자세가 사람의 신뢰와 성실성을 나타내 준다고 확신한다. 청소도 인격수양을 위한 길임을 깨닫고 아무리 작은 일이라도 맡은 일에 정성을 다하는 학생이 되어보자.

[청소도 인격수양의 콘텐츠다]

학부모 여러분, 여러분의 자녀는 청소를 잘하는 학생입니까?

누구나 하기를 꺼려하고, 귀찮고 더러운 청소가 왜 필요하겠습니까? 불가에 처음 들어가면 처음에는 본래 공부를 가르치는 것이 아니라 청소하기, 밥 짓기, 물 길러오기 등 궂은일을 시키고, 수녀원에 처음 들어가면 마루바닥을 닦는 일부터 시킨다고 들었습니다. 우리가 우습게 여기던 청소라는 작은 행동이 마음을 다스리는 중요한 일이기 때문일 것입니다.

여러분이 잘 아는 위대한 독립운동가 도산 안창호 선생님을 저는 존경합니다. 대학 다닐 때 흥사단운동(건국대학교 개척자 써클)도 했습니다. 선생님이 22세 때 청운의 뜻을 품고 미국 샌프란시스코에 갔을 때의 일을 소개하고자 합니다.

선생님은 아르바이트로 청소부 일을 하며 한국 동포에 대한 새로운 사실을 알게 되었다고 합니다. 한국 사람이 사는 집은 한결같이 지저분하고 불결하였고, 현지인은 이러한 한국인을 멸시하고 싫어하였다고 합니다.

도산 선생님은 '내 공부도 중요하지만 주민들을 깨우치는 것이 더 중요하다'고 생각하였습니다. 이에 도산 선생님은 몸소 한 집

한 집 청소 운동을 시작하였다고 합니다. 처음에는 동포들이 도산 선생님의 하는 일을 의심도 하고 거절도 하였으나 차차 신임하면서 도산 선생님을 환영하였다고 합니다. 도산 선생님은 손수 청소부가 되어 빗자루를 들고 쓸고, 걸레를 쥐고 훔치고, 창을 닦고, 주방과 변소까지도 깨끗이 치웠다고 합니다.

이러한 일은 몇 달이 지나지 않아서 동포의 생활을 변모시키는 계기가 되었다고 합니다. 그것은 다만 집안의 외양만이 변한 것이 아니라 그 정신생활에까지 변화를 일으켰다고 합니다.

"의관(衣冠)을 정제(整齊)하면 중심이 필칙(必飭) 한다"는 옛말이 입증된 것입니다.

더럽고 산만한 환경에 생활하는 것과 정결하고 정돈되어 있는 것과는 마음에 일어나는 생각이 다른 것입니다. 동포들은 어느새 면도를 자주 하였고, 칼라와 의복에는 때묻지 않도록 하였으며, 이야기도 이웃에 방해가 되지 않도록 나지막한 목소리로 하게 되었고, 이웃 사람이 싫어하는 냄새나는 음식을 삼가려고 애를 쓰게 되었다고 합니다.

"양키 놈들한테 왜 눌려? 그 놈들이야 무어라고 하든지 내 맘대로 하겠어." 라고 자존심을 내세웠던 몇몇 동포들도 이웃을 생각하는 태도로 변하였다고 합니다.

또 여기서 한 한국인이 미국인에게 불쾌한 생각을 주면 이는 전 미국인으로 하여금 우리 민족 전체를 욕되게 한다는 것을 깨닫게 되었다고 합니다.

◀ 생전의 도산 안창호 선생
(사진 제공 : 도산 안창호 온라
인기념관)

  청소 운동을 시작한 지 1년쯤 지나서 이 운동의 효과가 미국인
을 통해서 칭찬 받는 일이 생겼습니다. 샌프란시스코의 자본가이
자, 가옥을 많이 가지고 있는 미국인이 그의 집에 세(貰) 들어 사
는 한국인에게

  "당신의 나라에서 위대한 지도자가 왔소?"
  "당신네 한국인들은 요즘 많이 변했소!".
  "위대한 지도자 없이는 이리 될 수 없는데……."

  하면서 새롭게 관심을 받는 대상이 되었다고 합니다. 이 때 한국
인들은 안창호라는 사람이 와서 지난 1년 동안 우리를 지도하였다

▶ 사후에 건립된 미국 샌프란시
스코의 도산 안창호 선생 동상
(사진 제공 : 위키백과사전)

고 대답하였다고 합니다.

"그건 것이요? 나도 그를 한 번 만나고 싶소."

하여 도산 선생이 그와 만나게 되었다고 합니다. 그때 그는 도산 선생이 백발을 휘날리는 노인인 줄로 생각했는데, 새파란 젊은이인 것을 보고 깜짝 놀랐다고 합니다.

그 미국인은 젊은 청년 도산 선생을 극구 칭찬하고 도산 선생의 공적에 감사하는 뜻을 표하기 위하여 자기 가옥에 거주하는 한국인들의 집세를 매년 1개월 분을 삭감하겠다는 것을 알려왔다고 합니다.

또 도산 선생한테 다가가 "지금 당신이 제일 필요 한일이 뭐요?" 하고 물었고, 이 때 도산 선생은 "동포를 교육시킬 사무실입

▲ 도산 안창호 선생이 설립한 대한인 국민회(사진 제공 : 도산 안창호 온라인기념관)

니다.” 하고 대답했다고 합니다.

그 대답을 듣고 그는 도산 선생이 한국인을 지도할 수 있는 회관 하나를 무료로 제공할 것을 자청하였다고 합니다. 이렇게 얻은 집이 한국인 최초의 회관이요, 예수교회가 되었다고 합니다.

또 이곳에서 ‘공립협회’ 가 만들어지고, ‘공립신보’ 가 나오고, ‘대한인 국민회’ 가 만들어져 독립운동의 중심지가 되었다고 합니다.

● 선생님과 학부모님께

청소하는 모습은 성실한 당신의 내면을 표출하는 것입니다.

‘마당 쓰는 젊은이를 보고 사윗감을 고른다.’ 는 선인들의 교훈을 되새깁시다.

자율의 문턱에 걸터앉은
일탈의 심리

학교의 학생지도에는 크게 세 축이 있다.

첫째는 생활지도이다.

둘째는 학습능력이다.

셋째는 금연이다.

학교생활의 오랜 경험으로 보아 생활지도가 첫째이고 다음에 학력 향상이다. 또 일탈의 일선에 흡연이 있음을 알게 된다. 내가 관리자가 되고 나서부터 생활지도의 세 가지 원칙을 강조한 이유다.

137

[함부로 자율을 못하는 이유]

　요즈음 경기도와 서울 등 진보적 성향의 교육감들이 내세우는 '학생 인권 조례'로 인하여 많은 사람들의 입에도 오르내리고 언론에도 자주 조명되고 있다. 자유는 모든 인류의 목표이며 민주화의 상징이다. 자유를 누리려면 자율이 필수 조건이다. 자율의 자전적 의미는 "남의 지배나 구속을 받지 아니하고 스스로 원칙에 따라 어떤 일을 하는 것. 스스로 자기 자신을 통제하여 절제하는 것" 이다.

　자율은 생존에 얽매이는 가난한 시기에는 문제되지 않는다. 생존을 넘어 삶의 의미를 찾을 때부터 자율을 요구하게 되었다. 즉 경제적으로 어느 정도 안정이 전제되어야 하는 것 같다. 경제적인 안정이 문화를 형성한다고 볼 수 있다. [생존 → 삶 → 문화] 의 단계를 거쳐서 이루어진다고 할 수 있다.

　현재 우리나라는 삶과 문화가 공존한다고 볼 수 있다. 우리나라의 경제가 성장하여 안정된 생활을 하고 있다. 우리 학교 학생들의 경제적 생활을 학비(수업료, 학교운영 지원비, 급식비, 방과후 학교 수업비 등) 납부 정도를 기준으로 볼 때 80% 정도는 안정된 생활을 하고 있다. 그러나 아직도 20% 정도는 생존을 위하여 힘겨운 생활을 하는 가정이라고 볼 수 있다. 그러므로 가정의 경제적 불안이 자식에게 가정교육을 시킬 만큼 가정문화가 형성하지 못하고 있다. 즉 20% 정도의 고등학생들은 청소년기에 필요한 가정의 보호를 제대로 받지 못하고 있는 것이다. 그러므로 그 학생들은 가정 교육의 지도에 의한 자율의 능력이 부족한 상태에서 자율이 주어지면 일부 학생들은 일탈의 길을 걸어갈 확률이 높다. 많은 학부모가 자율을 요구하고 심지어 진보성향의 교사들마저 자율을 강조해도 학교에서 자율을 허락하지 않는 이유는 나머지 20%의 학생의 통제가 필요하기 때문이다.

[생활지도 관리 대상]

생활지도의 집중지도 대상은 학교에 따라 다르지만 10%~20% 정도라고 생각하면 된다. 이 학생들이 자율의 본래 의미를 퇴색되게 하는 일탈 위험군 학생들이라고 볼 수 있다. 이 학생들을 방치하면 관망하던 일부 학생들의 동조로 일탈이 확산되어 지도가 불가능하게 된다. 이 숫자가 10% 이내로 떨어지면 그때는 자율을 확대해야 될 시점이라고 생각된다. 그러나 잘못하면 자율을 악용하는 학생이 생겨나고, 청소년의 본분을 잊고 인생 준비의 기회를 놓칠 수가 있다.

학생들의 요구나 지도에 반발하는 것은 머리와 복장이다. 즉 머리와 복장이 학생 본래의 가치 형성에 작용하여야 함에도 불구하고 일부(10% 정도) 학생들의 탈선과 도피에 도구화되고 있다. 머리나 복장의 규제를 반대하는 학생들을 하나하나 면담하면서 그 이유를 물어 보았다. 가장 많은 답이 "이웃 학교 친구들 보기에 쪽

▲ 우리나라 중, 고교에는 자율의 본래 의미를 퇴색되게 하는 일탈 위험군 학생들이 10%~20% 정도 있다. 이 학생들은 집중적인 생활지도가 필요하다 (사진제공 : 온라인 인물뉴스)

팔려요.”이다. 학원, 당구장, 오락실, PC방, 공원 등의 활동에서 남을 의식한 내용들이다. 일부 학생들이지만 일탈에 악용되고 있는 것이다. 청소년의 심리상 일탈은 범죄라고 생각하기보다 자기 과시심리가 작용한다. 그러므로 그 행동을 모방하기 쉬워진다.

그렇다면 자율은 언제 이루어져야 하나? 다음과 같은 전제 조건이 형성되었을 때 자율을 부여하여야 한다.

· 사회가 학생을 보호해 줄 방어 장치가 되어 있어야 한다.
· 가정의 안정으로 문화가 형성되어 부모가 학생의 사회생활을 조절할 수 있어야 한다.
· 개인 학생들이 긍정적으로 자신의 규칙생활이 가능하며, 자

기 통제력이 있어야 한다.

위 전제 조건 없이 자율을 부여 하면 10%의 학생들은 정체성 형성 없이 자유분방한 학생이 되고, 그들의 특징은 규칙을 잘 지키지 않는다. 생활이 자유분방한 학생은 자기 통제력이 부족하여 지각, 무단결석, 흡연, 게임 중독 등에 빠지기 쉽다. 그러므로 자율이 가능한 학생이 90% 이상일 때 자율을 허용해야 한다. 섣부른 자율은 자칫 대세를 그르칠 수가 있다. 교육자는 낙오자 한 사람이라도 적은 것을 선택하여야 한다.

다시 강조하지만 학생의 생활지도가 학력보다 선행되어야 한다고 생각한다. 생활지도 즉, 인성지도는 어릴 때의 가정지도가 제일 중요하고, 학교 교육이 다음이며, 그 다음이 사회교육이라고 생각한다.

"세 살 버릇 여든까지 간다."는 말이 있다.

그런데 일부 학생들의 가정교육이 자녀 중심으로 치우치다 보니 자기중심적이며 배려와 자기 통제력이 부족한 경우가 많다.

이런 학생들은 학교에서 기본적인 생활지도를 할 때 저항과 갈등을 수반하게 된다.

머리 길이에 왜 그렇게 집착하는가? 머리, 복장의 외모는 사람의 생각과 행동을 지배한다. 실례로 정장을 한 신사는 대부분이 거리를 거닐면서 음식물을 먹지 못한다. 그러나 반바지에 셔츠를

▲ 공부도 습관이다. 습관이 않된 학생들은 학기 초에 몸이 뒤틀리고 스트레스를 받는 홍역을
치룬다. 그러나 이를 견뎌내고 중간고사가 끝날 시기쯤 되면 몸에서 오는 스트레스는 확
줄어든다(사진제공 : 온라인 인물뉴스)

입으면 거닐면서 음식을 먹을 수 있다.

언어 또한 마찬가지이다. 요즈음 사회의 성인과 청소년들의 언어가 얼마나 거칠어졌는지 청소년 집단에 잠입하여 10분만 있으면 확인할 수 있다. 청소년들은 행동을 자제하여야 할 시기이다.

그러므로 외모가 단정하여야 한다.

청소년은 아직 생각과 행동을 자율적으로 할 수 있는 정체성이 형성되지 못하였다. 정체성 없는 자율은 위험하고 일탈의 소지가 많다.

[공부도 습관이다]

▲ 사교육비를 줄이고 공교육 강화에 주력해 사도대상 수상. (2011년 5월 31일 경기일보, 경기도교육청, 인천광역시교육청이 공동 주관한 제22회 경기·인천 사도대상 시상식장에서 저자는 '인천광역시 초·중등 스승상 부문' 사도대상을 수상했다 = 편집자)

학력(학습 능력) 향상은 학습하는 과정의 습관화가 선행되어야 한다. 학습에 필요한 요소로 다음과 같은 것이 있다.

· 집중력을 길러라.
· 지구력을 길러라.
· 끈기를 길러라.

평소 생활에서 집중력, 지구력, 끈기를 기르려면 생활지도가 선행되어야 한다. 다음에 교사가 제시한 계획된 매뉴얼을 따르도록 하여야 한다. 이게 이루어지지 않은 학생들(즉 학습능력이 떨어지는 학생)은 긴 학교의 생활이 창살 없는 감옥살이이다.

1학년 신입생들한테 3월~4월의 자율학습은 첫번째 시련이다.

학습 습관이 안 된 학생들은 몸이 뒤틀리고 스트레스를 받는 홍역을 치른다. 그러나 이를 견뎌내고 중간고사가 끝날 시기쯤 되면 몸에서 오는 스트레스는 확 줄어든다. 이때부터 오는 스트레스는 학력으로 옮겨간다. 즉 공부에 관심을 갖는다는 신호다. 이때부터 학력 향상의 가능성이 있다고 생각한다.

학교에 있어보면 일부학생들은 이에 적응하지 못하고 잠자거나 학원 등의 돌파구를 찾는다. 부모는 이에 적극 동조하게 된다. 어머니는 공부하러 학원 간다니 위안이 되고 학원에서 무엇을 했는지는 관심이 없다. 자율학습을 안 하고 학원 가는 학생의 반은 이러한 학생이다.

호기심 많은 청소년을 재미있고 흥미진진한 놀이에 빠지지 않게 하는 것은 부모의 책임이다. 가장 손쉬운 방법은 미운 일곱 살 때를 전후하여 올바른 습관화를 만들어 주는 것이다.

[일탈의 문턱에 걸터앉은 흡연 학생]

흡연의 첫 번째 동기는 호기심에서 시작된다. 일부는 무리에 합류하려고 하거나 친구의 권유에 의하여 한다. 처음에는 조심스럽고 숨기려 하나 동료 학생들에게는 자기 과시나 배짱을 내보이는 행위가 된다. 그러므로 흡연 단속이 허술하면 동조 세력이 급속히 확산된다. 특히 남학생들은 더 하다. 흡연자의 일부는 은밀한 장소를 찾게 되고, 은밀한 장소에서는 새로운 세계에 관한 호기심을 유발하는 이야기나 정보들이 오고간다. 책상 앞에 앉아있는 것보다 흥미있는 당구, PC방, 공원의 잡담 등에 재미를 알게 되는 순간 공부는 멀어지기 시작한다. 휴식시간 교실에서 들려주는 흥미진진한 이야기 속에 관망하던 친구들이 기웃대기 시작한다. 이것이 청소년의 생활지도를 늦춰서는 안 되는 이유이다.

이보다 다른 곳에서 보내는 것이 흥미가 있으므로 일탈이 시작되는 시기이며 배회와 무계획한 생활이 시작된다. 끼리끼리 모이는 가장 강력한 매개체가 담배이다.

명품 자녀를 원한다면 바른 생활지도와 사소하지만 규칙을 잘 지키는 습관을 길러주십시오.
다수의 학생들은 자율을 주어도 무관하지만 20% 내외의 학생들은 부모나 학교의 관리가 필요합니다. 그러므로 학교 자율화는 섣불리 실시할 수 없는 것입니다.
학교도 자율이 목표입니다. 그러나 부모나 학교의 관리가 필요한 20% 내외의 학생들을 위해 80% 정도의 학생과 학부모가 원해도 자율화를 실시하지 못하는 것입니다. 우리 사회와 가정이 좀더 문화선진국으로 진입할 때까지 학부모님들은 자녀의 바른 생활지도와 사회생활에 필요한 규칙을 잘 지키는 습관을 길러주십시오.

봄소풍 날 보여준 학생들의
어른 흉내

제목 : 봄소풍

언제 : 2007년 4월 22일

대상 : 3학년 14개 학급

장소 : 롯데월드

오전 9시 출발을 앞두고 운동장 연단에 서서 담임선생님들이 인원 파악하는 것을 보고 있었다. 그런데 학생들의 복장이 사복 미니스커트 구두에 학생답지 않은 학생들이 눈에 띄었다. 옆 여교사에게 "저 복장 어때요?" 하고 물었다.

"지나치네요?, 이번 3학년은 유난히 튀는 애들이 있어요."

특히 여학생들의 복장이 불량했다. 3학년 부장을 불렀다.

"학생 복장 자율이에요?"

"담임들이 단정하게 입고 오라고 했는데 말을 안 듣는데요."

"담임들 다 모이라고 해요."

내가 말했다.

"담임선생님들이 복장지도를 했는데 안 듣는 것인지, 아니면 지도를 안 했는지 확인하려고 모이라고 했어요. 지도를 했는데 선생님 말을 안 들으면 문제가 있어요."

"속상해 죽겠어요."

몇 교사들이 그때서야 속마음을 내보인다. 내가 다시 말했다.

"지금 방치하면 1년이 어려워져요. 지금부터 내 말을 들어요. 복장 불량 학생은 안 보낼 테니 따로 분리해서 세우세요. 분리 후 정상적인 복장을 한 학생들을 합반으로 하여 출발해요. 학년 부장은 버스 기사들 다 모이라고 해 주세요."

담임들은 각반 앞으로 가서 복장 불량 학생들을 앞으로 내 보내고 있었다.

나는 버스기사들을 모아 놓고 복장 불량학생들은 나중에 보낼 테니 늦게 출발할 버스를 정해 달라고 부탁했다.

학년부장이 조사 후 불량이 너무 많다고 했다. 그러면 불량 정도가 낮은 학생들은 담임이 약속을 받고 책임지고 지도하도록 하고 불량 정도가 심한 학생만 따로 모으라고 했다.

▲ 3초의 외모가 내 운명을 바꿀 수 있다. 명품의 첫 시선은 디자인이 결정하듯 옷, 머리, 신발, 걸음걸이는 당신의 디자인이다. (저자의 인천계양고등학교 취임사에서 발췌=편집자)

모두 53명의 학생들이 따로 모였다. 학년부장한테 복장이 그래도 덜 불량한 학생을 학년 부장이 명단을 만들어 추후 지도하기로 하고 버스 1대 승차 인원만 남기기로 하였다. 학년부장과 버스 한 대만 남기고 다른 학생들은 출발시켰다.

"너희는 지금부터 1시간을 주겠다. 집에 가서 복장을 바로 하고 이 자리에 와라. 1시간 후에 안 오면 교장이 직접 집에 방문을 하겠다. 그 학생은 내일 교칙에 의하여 징계를 하겠다. 지금 시간 9시 20분, 1시간 후 이 자리에 모인다. 출발!"

뛰는 학생, 집에 전화하는 학생, 야단이었다.

그러나 집으로 돌려보낸 학생들은 그들에게 주어진 1시간 전에 전원이 다시 집합했다.

"예쁘고(여학생들), 멋있네? 출발!"

　며칠 후 복도에서 만난 학생이 "교장 선생님, 너무 했어요." 하며 웃었다. 그러나 내 귀에는 웃으며 하는 그 소리가 전혀 원망스런 목소리로 들려오지 않았다.

섣부른 어른 흉내는 일탈의 첫발이고 엽기의 시작입니다.

나쁜 습관에 감염된
변순이의 핑계

부광여자고등학교 학생부에 있을 때다.

일반계 고등학교가 다 그렇지만 아침 7시 30분까지 등교해 아침 자율학습이 이루어질 때이다. 대학 입시에 수능점수와 내신성적을 15등급으로 분류할 때이므로 각 선생님들은 시간을 확보하려고 서로 경쟁할 때이다.

3학년은 1학기에 진도를 끝내고 2학기는 반복학습이나 문제풀이를 하기 위하여 아침 자율학습 시간은 방송수업이 많았다. 본인의 사회과 같은 경우도 진도를 일찍 마치려면 1~2개 단원 정도는 방송수업으로 대체하는 경우가 많았다.

7시 30분 이후에 등교하는 학생은 출석부에 기재되는 법적인 지각은 아니지만 정문 지도과정에서 장부에 기재하든가 아니면 얼차려를 하고 들여보냈다. 지각생들이 있을 때는 여학생들이 자신의 치마를 꼭 잡도록 하고 허벅지를 내 손바닥으로 한 대씩 때렸다.

그런데 꽤 아픈 것 같았다. 수업 시간에 여유가 있어 잡다한 이야기를 하다 보면 아프니까 살 살 때리라는 학생들의 주문이 있곤 했다. 지각하는 학생들에게 이유를 물으면 80% 이상은 버스가 늦게 왔다고 핑계를 댄다. 과거 여중에서 5년 동안 근무하는 동안 여학생의 심리를 어느 정도 알았기에 이제는 눈물이나 변명에 속지 않았다. 버스의 문제는 여러 명이 몰려오고 몇 명은 뛰어 온다. 그런 때는 정말 버스에 이상이 있을 수 있기에 손바닥 매의 강도가 아주 약하다. 단골 지각학생은 저 멀리서부터 학교 정문 앞 상황을 보려고 기웃대기 때문에 얼굴이 보였다, 안 보였다 숨바꼭질을 하다가 정문 앞에서부터 뛰는 척한다.

3학년 ○반 변순이(가명) 학생이 자주 지각을 했다. 습관인 것 같았다. 이 학생도 처음에는 이 핑계 저 핑계 대면서 늦었다. 그날도 또 늦었다.

"야! 오늘 또 늦었어?"

"……."

"치마 잡아. 오늘은 세 대야!"

고개를 들어 쳐다보면서 하는 말이 "그럴 수도 있잖아요?" 하고

▲ 학교 등교시간에 늦어 벽을 타고 학교 울타리를 넘는 어느 여고생들의 모습. (이 사진은 본 기사와 직접적인 연관성이 없음=편집자 / 사진제공 : 온라인 인물뉴스)

항의하며 맞지 않으려고 뒤로 한 발 물러선다.

"어, 그럴 수도 있지."

"……."

"들어가." 하고 보냈다. 며칠 후에 다시 지각했다. 두 말 하지 않고 내가 먼저 그 학생이 한 말을 크게 들려주며 그냥 보냈다.

"그럴 수도 있지! 들어가." 쭈빗쭈빗하는 눈치였지만 변순이 학생은 종종걸음으로 사라졌다.

며칠 후에 또 지각.

"그럴 수도 있지! 들어가."

▲ 집합시간에 늦어 단체 기합을 받는 여학생들의 모습. (이 사진은 본 기사와 직접적인 연관성이 없음=편집자 / 사진제공 : 온라인인물뉴스)

하루는 점심시간에 학생부로 조용히 불렀다.

"순이야, 사람은 어려서는 외적인 규제를 받지만 커가면서 그것이 내 습관이 되고, 그 습관은 나 자신을 통제하며 사회에 적응하는 내재율이 되는 거야. 사람은 그 내재율 속에서 성공하며 성취감을 갖는 존재이고, 성장이란 의미를 갖는 삶이라는 것이란다. 너 같은 생활습관은 결국 자신과 사회 구성원들 간의 갈등의 요인이 되고 그 생활의 가장 큰 피해자는 너 자신이 되고 말아. 그러므로 그 지각 습관은 하루 빨리 고쳐야 해. 고치려면 너 자신을 합리화시키는 '그럴 수도 있잖아요' 로부터 빠져 나와야 돼. 나는 홍사단의 창시자인 우리 민족의 지도자 도산 안창호 선생님을 존경하고, 그분의 '거짓말과 시간은 꿈에서도 어기지 말라.' 를 실천하도록 노력하는 사람이란다. 내 자신이 '절대로 시간을 어기지 말아야지' 이렇게 마음먹고 살고 있어. 그런데도 늦는 경우가 많아. 내 자랑인지는 모르겠지만, 나는 지금까지 교사로 근무하면서 결근 하루도 없었다. 지각은 한 번 남학교에 있을 때 송도 유원지로 소풍 갈 때 늦었단다. 친구간의 약속시간에 늦는 경우는 많아! 그렇지만 너는 그 습관 고치지 않으면 결혼식장에서도 늦을 수 있어 임마! 내 말 공감하니?"

변순이는 고개는 끄덕거렸지만 시원한 답은 듣지 못했다.

그 후 변순이는 종종 늦기는 했지만 그 횟수는 많이 줄어들었다.

● 선생님과 학부모님께

학부모님, 자녀의 습관은 어려서부터 가정교육으로부터 이루어집니다. 좋은 습관만이 명품 자녀를 만들 수 있습니다. 집에서 새는 쪽박이 밖에 나가서 안 샐 리 없고, 세 살 버릇 여든 까지 간다는 말이 있습니다. 자녀들이 아침에 지정된 시간에 일어나 세면하고, 책가방 챙겨놓고 식탁에 앉아 숟가락, 젓가락질하는 자세까지 살펴보며 좋은 습관으로 자율화될 때까지 가정교육에 깊은 관심을 가져 주십시오.

신의의 죽음을 함께 조상한 38명의 아이들

근 조
'신의(信義)의 죽음을 슬퍼하노라'

인간의 마음속에서 태어나 마음속에서 살다가 인간과 함께 쓰러지는 존재 신의여, 그 가치가 유구한 역사 속의 군자의 마음에서 빛을 발했건만 각박한 세파에 밀려 그 빛을 잃어 가면서 이제는 우리 곁에서 멀어졌구나!

한때는 너의 도움 없이는 사람의 취급을 받지 못하였으며, 신라의 세속오계(世俗五戒)와 조선의 삼강오륜(三

155

綱五倫)의 반열에 끼어 위세 당당하였건만 애닳도다! 어 이하여 너의 처지가 오늘에 이르렀는가.

오늘의 신의(信義)의 죽음은 실로 여러 사람의 탓이로되, 그 하나가 지도교사의 무능일지어다. 일의 처리함에 있어 분명하지 못했다. 현대의 시대에 분명하게 서류로 재차 약속을 했어야 함에도 불구하고, 그 흔해빠진 말 몇 마디로 언약을 하고 종이쪽지 신청서 하나를 바보같이 믿었으니, 계약의 시대, 문서화의 시대에 뒤떨어진 처사로서, 그 행위의 미진함에 깊이 반성하고 '신의信義'를 죽게 한 책임의 절반이 지도교사에 있다 하겠으며, 더욱이 배우는 학생들에게 신의를 죽게 하도록 방조하였으니 그 또한 더 큰 책임이라 하겠다.

학생의 책임 또한 면할 수 없다. 내 몸 하나의 안일과 기회주의적인 이기심이 신의를 사망에 이르게 하였으며 이것은 단지 나 하나의 일에 끝나지 않고 내가 속한 작은 조직사회에 불신을 심어 주었으니 어찌 그 책임을 변명으로 면하리오!

혹시 학교에서 하는 일이 마음에 들지 않는다고 신의를 저버리는 일은 하지 않았는지, 나 하나쯤이라는 생각과 개인의 작은 이익을 저울질하지는 않았는지, 심히 안타까운 마음 금할 길이 없구나!

내 탓이오, 내 탓이오, 내 큰 탓이로소이다!! 우리 모두 책

임을 떠넘기지 말고 다 같이 책임지는 이 시간이 되었으면
한다. 67명의 학생 중 29명의 신의를 불씨 삼아, 이 시간이후
부터는 내가 속한 작은 조직의 일원으로 책임지는 오늘 이
조사의 의미가 죽은 "신의"를 애닳아 하는데 그치지 않고 불
생불멸의 가치로 자리 잡아 더욱 빛나게 함이다. 이 시간 이
후부터 우리들의 마음속에 책임과 신의가 굳게 자리하도록
하소서!

1993년 8월 27일

부광여자고등학교 학생회 일동

위 내용은 1993년 3월 1일 부광여자고등학교 강순옥 교장 선생
님 계실 때 일이다.

새로 부임하면서 학생부 차석으로 업무를 맡았다. 그때 부장님
이 몸이 불편하여 병가를 내셨기에 학생부의 일을 도맡아 할 때이
다.

여름방학을 맞이하여 총학생회 간부들 하계수련회의 기획을 총
괄했다.

· 장소는 가평의 명성산 계곡.

· 방학 다음날 당일로 하였다.

· 학생회, 반장, 부반장으로 80여 명 중 67명이 신청서 제출.

· 교장, 교감을 포함하여 교사 19명.

· 준비물로 버스 2대, 90명분 간식, 점심 도시락, 다과를 준비하였다.

그런데 출발 시간에 도착한 학생은 29명과 참석 교사 19명뿐이었다. 출발 당일 1명이 몸이 아파 참석 불가하다고 연락이 왔고 나머지는 모두 연락이 없었다.

난감했다. 몇 번을 확인하고 신청서를 받았기에, 무엇이 잘못인지 이해도 되지 않았다. 여러 선생님의 도움을 얻어 오지 않은 학생들한테 전화를 했다. 전화통화를 다하고 보니 늦잠, 몸살, 피곤 등등. 모두들 참석을 못한단다.

도리 없이 참석한 교사 19명과 29명의 학생으로 1시간 10분 늦게 출발했다. 행사는 생각보다 잘 끝냈다.

강순옥 교장 선생님은 남다르게 학생들을 아끼고 사랑하시는 분이다. 분명하고, 정의로우며 학생들에게 문을 활짝 열어놓고 계시는 분이다. 학생들의 건의를 최대한 수용하셨다. 스승의 날 행사에 필요한 꽃송이도 학교예산으로 샀다. 학생의 부담은 10원도 안 된다고 하셨다. 일부 교사들은 지나치게 학생 편이라고 불평하

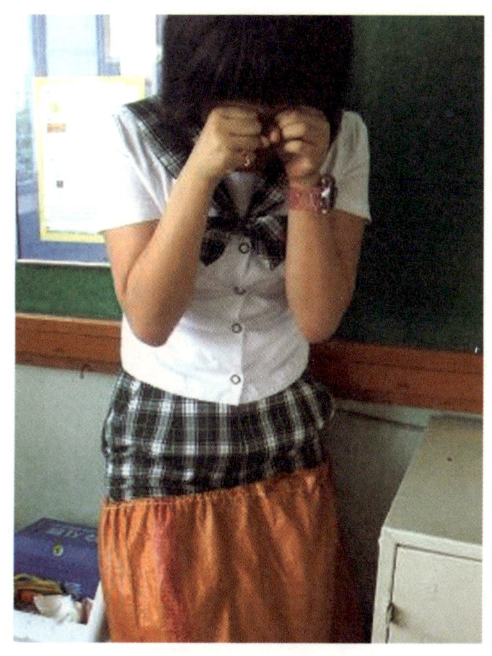

◀ 교칙을 어겨 벌을 받고 있는 여학생 모습. (이 사진은 본 기사와 직접적인 연관성이 없음 = 편집자 / 사진제공 : 온라인 인물뉴스)

시는 분도 계셨다. 교장선생님께서 몇 번이고 행사를 생각보다 잘 치렀으니 괜찮다고 위로를 하셨으며, 학생들을 혼내지 말라고 하셨다.

8월 개학하고 27일 학생회를 개최하였다. 학교장의 출장 관계로 학교장 말씀을 학생회 개회 첫머리에 넣었다. 출장 가시면서 복도에 나온 본인에게 다시 한번 학생들 혼내지 말라고 하시면서 가셨다. 수련회 보고를 최종 안건으로 본 회의가 끝났다.

지도 교사의 조언 차례가 되었다. 나의 참담한 심정을 이야기했다. 도저히 이해할 수 없는 그날의 실상을. 그리고는 학생들을 모두 책상에 올라가 무릎 꿇어앉히고 지금부터 "신의의 죽음을 조상

한다.” 하고 선언한 뒤 내가 작성한 조사를 학생회장한테 낭독하
도록 했다.

잠시 후 책상 위에 올라가 무릎 꿇어앉은 전체 학생들이 “아이
고~오! 아이고~오! 아이고~오!” 하고 곡을 하게 한 뒤 학생회
장이 조사를 읽었다. 장문의 조사가 끝난 다음에 다시 “아이고~
오! 아이고~오! 아이고~오!” 하고 곡을 하게 했다.

그 다음 수련회에 말없이 빠진 학생들만 남기고 나머지 학생들
은 교실로 들여보냈다. 교장선생님의 간곡한 부탁이 있었지만 나
는 준비한 매로 그들의 허벅지에 한 대씩 선물을 주었다.

요즈음 ‘그 같은 일’이 벌어졌을 때 학생과 학부모의 반응이 어
떤지 궁금하다.

· 작은 일에도 전화가 많이 오거든요.

교감선생님과 학부모가 함께
벌을 받던 날

2002년 6월 1일 토요일.

"우리는 행동의 변화를 원한다."

"지금까지 잘못된 것은 무효화하고 원점에서 다시 시작하자."

"6월 3일 월요일부터는 매를 들겠으며, 교칙 적용을 원칙대로
하겠다."

"교칙을 지키지 않으면 가혹하게 원칙대로 제재하겠다."

"정신 바짝 차리고 생활하기 바란다."

전교생(1학년 2002. 3. 1일 개교. 초대 이팽윤 교장 선생님)을 토

▲ 초대 이팽윤 교장선생님은 지역사회의 지원을 섭외하여 1억 원의 장학금을 유치하였고 계
속 지원을 약속 받았으며 학생들의 사기 진작에 전력하였다.

요일 일과 후 운동장에 집합시키고, 교사들이 도열한 자리에서 학
생들에게 선포식을 했다. 이렇게 하게 된 이유는 3월 개교이후 3
개월 동안 학생들을 지도해 본 결과 특단의 조치를 취하지 않으면
안 되겠다는 교사들의 공감대가 형성되었기 때문이다. 즉 훈계,
호소, 벌 등의 생활지도로는 한계가 있었다. 흡연이 만연되어 4월
8일 금연학교 선포식을 하였고 교장선생님도 담배를 끊겠으니 학
생들도 같이 끊자고 하였지만 효과는 의문이었다.

일반계 고등학교로 대학에 진학시키려면 학력향상이 이루어져
야 한다. 이 시점에서는 학업성적 향상보다 생활지도가 더 급하
며, 생활지도가 이루어지지 않으면 학력 향상은 불가능한 것 같았

▲ 운동장에 누운 채로 반성의 시간을 갖는 학생들. (이 사진은 본 기사와 직접적인 연관성이 없음 = 편집자 / 사진제공 : 온라인 인물뉴스)

다. 학생들이 교사의 지시를 따르지 않으니 불가피한 결의였다. 무단결석, 흡연 등의 일탈이 심하며, 수업을 방해하는 사례가 자주 있었다. 교실에서 울고 나오는 신임 여선생님이 많았다. 여선생님들한테는 매를 나누어주고 강압적으로라도 수업을 장악하도록 하였다.

그 후 좋아지기는 했지만 몇몇 학생들은 생활습관이 하루 아침에 고쳐지지 않는 것 같았다. 매를 댄다고 수업 시간에 112에 신고하여 경찰이 학교에 출동한 것이 한 달에 연이어 3번 있었다. 학부모가 학교에 내교하여 교장선생님한테 사과도 하고 그 고통을 이해한다며 위로하기도 했다. 어떤 학부모님은 자녀가 말을 듣지 않는 것을 알고 있지만 매는 너무 심했다며 섭섭함을 토로하기도 했다.

학생들이 교육부(현재는 교육과학기술부), 청와대에 민원을 넣어 몇 번의 답변을 쓰기도 했다. 민원을 제기하는 학생 대부분은 우리가 원하는 행동의 변화는 하지 않으며 징계나 퇴학 직전에 보호본능 의식으로 여기 저기 상부에 민원을 제기하는 경우가 대부분이었다. 행동의 변화 없이 잠시 잠재우기 위한 행동에는 단호해야 된다는 생각이었다.

가장 마음 조렸던 것은 선생님들의 사기가 꺾이는 것이었다. 울적한 날이면 모여 앉아 격려도 하고 다짐도 하였다. 우리가 하는 일이 잘못된 것을 바로잡기 위한 일이다. 매를 대는 행위가 선을 아니지만 악도 아니다. 학생들의 잘못된 행동의 습관들이 고쳐진다면 그 결과는 선이 될 수 있다. 여기에서 물러서면 안 된다는 결의를 하면서 지속적으로 지도했다.

7월 초순 어느 날은 벌점이 많은 여학생들을 벌 받는 날로 정하여 체육복을 갈아입고 오라고 예고했다. 아침 조회를 마친 후 1교시 시작과 동시에 운동장 한복판에 5m 간격으로 앉혔다. 화장실 가는 5분만 허용하였다. 교감인 나는 구령대에 똑바로 서 있었다. 그날은 햇볕이 유난히 따가웠다. 쉬는 시간에는 학생들이 나와서 그 광경을 보고 있었다. 저 멀리 아파트에서 그 광경을 보고 학교에 항의 전화가 오고, 학생들이 부모에게 전화해 벌 받는 학생의 어머니가 달려왔다.

여학생을 햇볕에 저렇게 세워놓는다고 항의하며 데려가겠다는 어머니도 계셨다. 단호하게 거절했다. 퇴학 대신 기압을 받는 것이라는 것을 강조했다. 만약 학생을 데려가면 징계 거부로 인하여 바로 징계위원회를 열고, 그러면 퇴학 처분된다는 점을 부각시켰다.

우리도 이제는 포기할 테니 어머니 마음대로 하시라고 항변도 했다. 나도, 부모도, 학생도 약속된 4시간을 그렇게 버텨 주었다. 자퇴한다고 한 사람이라도 뛰쳐나가면 여러 명이 동조할 학생들이기에 마음속으로는 얼마나 조마조마했는지 모른다.

생활지도는 학생과의 믿음이 없으면 이루어질 수가 없다. 우선 학생과 친해야 한다. 화단정리나 물건을 나를 때 말썽꾸러기를 불러 일을 시키고 5분쯤 교실에 늦게 들어가게 하면서 교감인 내가 교실까지 찾아가서 교과 선생님한테 내가 일을 시켜 늦었으니 봐달라고 너스레를 떨기도 했다. 재수하여 나이가 많아 '짱'이라고 대접받는 학생에게 생일선물로 책(괭이 부리의 아이들)을 사주기도 했다. 친하게 지내기 위한 일이었다.

학생들의 행동이 몰라보게 달라지기 시작했다. 즉 교사의 말을 듣기 시작했다는 말이다. 수업태도가 달라지고, 지각이 줄고, 담배가 줄고 출석부가 깨끗해지기 시작했다.

검단고등학교는 신설학교로서 특수지 학교로 출발하여 학생을 따로 모집하였다. 지역 주민들의 존경을 받는 교장선생님이셨다. 모집 첫해는 학업 성적이 저조하였다. 350명 정원에 342명이 응시하여 8명이 미달이었다. 출신 중학교는 인천 시내 38개 중학교에서 지원했으며, 통학 시간도 학생의 40% 이상이 60분 이상 소요되었으며, 계양지구 학생이 많았다. 중학교 3학년 내신 학업 성적은 50% 이상의 학생이 18명뿐이며, 90%~100% 학생이 70명이었다. 1년 동안 44명이 전학을 가고 14명이 자퇴를 하였다. 성적 격차가 심하여 전체 학생을 3단계로 분리하여 수업을 진행하였다. 90% 이하의 2개 반 학생은 중학교 기초과정부터 다시 수업하였으며 지원교사가 따로 관리하였다.

2학기부터는 자리가 완전히 잡히고 희망이 보였다. 엄청난 변화를 보이는 학생들이 많았다. 지역 주민들도 관심을 보이기 시작했다. 교장선생님은 지역의 지원을 섭외하여 1억 원의 장학금을 유치하였고 계속 지원을 약속 받았으며, 학생들의 사기 진작에 전력하였다. 교사들의 입술이 한 달에 한 번 이상씩 터졌다.

이렇게 열정적으로 학생들과 한몸이 되고 휴일도 반납한 교사들이 있었기에 기적 같은 일이 일어났다. 교장선생님은 1회 입학생들의 이름을 많이 알고 계셨다. 거리를 가다가 규칙 위반자나 자율학습 시간에 거리에서 눈에 띄면 차를 세우고 학생의 이름을 크게 부를 정도이니 생활지도는 자연적으로 이루어지고 있었다.

그 학생들의 대입 결과는 연세대 2명을 비롯하여 수도권 대학에 다수 진학하였으며 기대 이상의 결과가 있었다. 신설 고등학교에서 기적이 일어난 셈이다.

2005년 9월 1일부로 서운중학교에 교장으로 발령을 받았다.

이임인사를 하던 날 많은 꽃다발과 학부모 단체에서 행운의 열쇠 4개를 만들어 선물로 주셨다. 교감 전출에 이렇게 선물 받은 경우는 매우 드문 일이라 생각한다. 그때 함께 근무했던 교사들의 모임이 있던 날 나가보면 다들 고생스러웠지만 보람된 경험이었다고 이야기하는 교사가 많다. 또 그때의 내공으로 학급 운영에는 자신이 있다고 이야기하는 교사들도 많다.

나도 그때 '열정이 조직의 본질을 변화시키는 귀한 경험' 을 했다.

난생 처음 고급 점퍼를
선물 받던 날

대건중학교에서 3학년 담임을 맡고 있을 때다.

3월 초가 되면 학생들을 면담하면서 고등학교 진학 이야기를 하게 된다. 그때는 고등학교 [200점 = 180(학력) + 20(체력)] 입학시험이 있을때이다. 인문계와 실업계의 가능 고등학교를 면담하게 되는데 황동성(가명) 학생이 자기는 인문계를 가야 한단다. 집에서는 본인이 공부를 잘하는 줄로 안단다. 2학년 말 전체 석차 360명 정원 중 뒤에서 몇 번째 되는 성적이었다. 도저히 인문계는 가망이 없었다. 1학년 때는 못하지 않았는데 2학년에 와서 급격히 떨어진 것 같다.

어머니에게 면담을 요청했다. 아들의 성적을 보여 주면서 현실을 이야기했더니 흐느끼기만 한다. 아버지가 인도네시아에서 해외 파견근무를 한단다. 공부를 잘하는 줄로 안단다. 아버지를 속인 건 이국 땅에서 고생하는 남편을 생각해서였단다.

아들은 어머니의 말은 듣지 않고 잘못된 습관이 들었다. 어머니는 잘못된 아들의 습관을 숨기고 감싼 어머니의 책임이 더 크다고 말하였다. 만화가게에 가서 산단다. 성적이 떨어진 줄은 알았지만 이 정도인 줄은 몰랐단다. 아버지를 봐서도 꼭 인문계로 진학시켜야 한단다. 학생도 이제부터라도 정신 차리겠단다. 이 학생의 친구 관계를 보니 다 공부를 잘하는 친구들이다. 즉 공부를 못하는 이유가 만화에 빠져서인 것 같았다. 학생이 하겠다는 마음만 바로 먹으면 가능성이 보였다.

'지금부터 다시 시작해 보자.'고 다짐을 하고 다음과 같은 약속을 했다.

· 만화 가게는 가지 않을 것.
· 어머니는 아들의 생활을 점검하여 담임에게 보고할 것.
· 학생은 담임과의 약속을 꼭 지킬 것.

어머니와 학생의 각서를 받아서 보관하였다. 당장 배다리 헌 책방에 가서 중학교 1학년 영어, 수학 교과서를 사오라고 했다.

본인의 친구 중 마음이 가장 잘 맞는 학생을 선택하여 같이 앉도록 하고 쉬는 시간에도 질문할 수 있도록 했다. 영어 본문은 처음부터 외우도록 했다. 외우지 못하면 다할 때까지 남아서 기다렸다. 수학은 익힘 문제와 참고서의 문제를 풀어서 짝이 채점하도록 하고 매일 점검했다.

만화 가게는 절대 안 간단다. 어린 학생이 잘 가던 만화 가게를 전혀 안 간다는 것이 믿어지지 않았다. 부모한테 확인해 보니 만화 가게는 일요일에 가지만 2시간 이상 머물지 않는단다. 과제를 다 하면 어머니가 보너스로 허락하였단다. 약속이 생각보다 잘 지켜지고 있었다. 습관을 바꾼다는 것이 얼마나 힘든 건데 말이다.

1학년 과정은 2개월만에 끝냈다. 과제를 착실히 한 격려로 자장면을 먹으며 농담으로 '내가 힘들어 못하겠다' 고 하니 깜짝 놀라면서 더 열심히 하겠단다. 아버지한테 무언가 보여주어야 한단다. 2학년 내용은 여름방학까지 이어졌다. 쉬는 시간에도 쉬지 않고 영어 단어를 준비한 관계로 쪽지시험은 짧은 시간에 통과했다. 영어 단어는 옛날 버스표 모양의 종이를 만들어 한쪽은 스펠링을, 반대쪽은 뜻을 쓰게 하고 10개씩 만들어 주머니에 넣고 다니면서 외우도록 하였다. 처음에는 밤 9시까지 있었으나 차츰 시간이 단축되었다. 시험 볼 때마다 성적이 조금씩 오르니까 자신감이 생기며 은근히 시험을 기다리는 눈치였다.

그 학생은 일반계(인문계) 고등학교에 들어갔다. 성적이 계속 향상되는 학생은 목표를 조금 높여 잡아도 성공하는 경우가 많다.

고등학교에 진학 후 첫 시험이 끝나고 어머니와 같이 찾아왔다. 내가 백화점 고급 브랜드 메이커가 있는 점퍼를 입는 첫해가 되었다.

　3년이 흘러 대학시험이 발표되었다. 그 학생이 다시 집에 찾아왔다.
　한양대학교에 진학했다며 기어이 큰절을 해야 한단다.

● 선생님과 학부모님께

· 공부를 하려면 좋은 습관을 만들어 주어야 합니다.

제4부
인생역 플랫폼에서

교장이란 자리를 만들어준
잊지 못할 얼굴

이제 곧 교장 6년으로 퇴임이 눈앞이다. 교장이 되기까지 그 공을 돌아볼 때 빼놓을 수 없는 분이 있다. 지금은 퇴임하신 김인자 선생님이다. 경제적인 도움은 집사람이 주었지만 그 의지를 갖게 해준 장본인은 바로 선생님이다. 교감, 교장 연수 지명을 받았을 때도 가족 다음으로 김인자 선생님한테 먼저 전화를 했다.

1993년 3월 1일 부광여자고등학교에 새로 부임해 갔다. 그때 아들이 가좌중학교에 다니고 있을 때라 출근길에 학교에 데려다 주었다. 그런데 김인자 선생님의 집이 가좌중학교 정문 앞이었기에 출근길에 카풀을 하게 됐다. 카풀로 인해 일상적인 이야기를 자주

하게 되었고, 그런 이야기들로 인해 김인자 선생님도 나에 대하여 많이 알게 되었다.

1988년도에 대건중학교가 폐교되면서 나는 공립학교로 특채되어 왔다. 그러므로 당시 나는 공립학교의 인사규정이나 승진제도에 대해서 알지 못했다. 그 때문에 승진에 관심이 없었고 전혀 준비되어 있지도 않았다. 그런 연유로 승진에 대해서는 마음의 준비조차도 하지도 않았다. 그런데 매일 카풀을 하다 보니 김인자 선생님이 그런 사정까지 다 알게 된 것이다.

나의 그런 모습이 안타까우셨는지 김인자 선생님은 종종 "아직도 늦지 않았으니 준비하라."는 충고를 자주 해주셨다. 그때마다 나는 "교사는 교단에서 쓰러져야 영광이에요"라고 대답하며 관심이 없는 표정을 지어 보였다. 내가 그런 말을 할 때마다 김인자 선생님은 본인도 나와 같은 생각이었는데 "친구들이 승진하게 되니까 이제는 후회하게 되더라."며 나만은 본인의 전철을 밟지 말라고 충고했다. 공립으로 특채되어 용현여자중학교에 첫 연구부장이 되었을 때의 일이다.

그때 얼떨결에 무슨 영문인지도 모르고 '교육연구대회'에 응모하여 2등급을 받은 적이 있다. 내가 처음으로 연구부장을 맡았지만 업무에 대해서는 잘 모를 때였다. 대선배인 이관우 선생님(현재 교장으로 정년퇴임)과 박주원 선생님이 많이 도와 주셨다.

하루는 일과가 끝나서 잡담을 나누고 있을 때였다. 이관우 선생님이 다가와 물었다.

▲ 대건중학교 재직 시절 우보 민승기 선생으로부터 서예 지도를 받으며 기념으로 찍은 사진
(왼쪽으로부터 저자, 정애숙 수녀님, 우보 민승기 선생, 구해환 선생, 이준희 선생)

"연구부장, 현장연구계획서 준비하고 있지?"

"그게 뭐예요?"

"학교 현장의 문제, 효율성을 높이기 위하여 제안하는 거야!"

"저는 그런 거 모르는데요."

"안 돼, 연구부장은 필이 내야 돼. 큰일 나!"

"아무것도 모르는데 어떡하죠?"

"내가 계획서 틀을 줄게. 2주 안에 20쪽 정도의 계획서를 만들어 봐."

그것이 계기가 되어 '한자서예 기본획 지도를 통한 서예능력 향상에 관한 계획서'를 준비했다.

나는 서예에 조금 조예가 있어서 특별활동부서를 만들었으며

▲ 부광여자고등학교재직 시절 저자가 신포동을 자주 가는 이유를 밝히기 위해 뒤를 밟다 우보 민승기 선생으로부터 서예 지도를 받으며 창작한 서예작품 앞에서 포즈를 취한 김인자 선생. (좌로부터 염경호 선생, 김인자 선생, 김수자 선생)

평소 지도하고 있었다. 다급한 마음에 내가 지도하고 있는 내용으로 주제를 잡았다. 7월이 되었다. 이관우 선생님이 계획서를 냈으니 보고서 준비를 하고 있는지 확인하는 것이었다.

"준비 잘하고 있지?"

"아뇨, 저는 안 낼 거예요?"

"큰일 날 소리하네. 안 내면 큰일 나. 사유서 쓰고 교장한테도 혼난단 말이야……."

그 말을 듣고 부랴부랴 보고서 쓰는 방법을 배워서 모눈종이에 직접 펜을 사용해서 썼다. 한 장을 쓰다가 중간에 틀리면 다시 쓰다 보니 시간이 꽤 걸렸다. 여름방학 1주일을 꼬박 작성하였다. 제

177

출 마지막 2일은 학교에서 날밤을 새웠다. 특채된 교사로서 학교
에 누가 될까 봐 최선을 다했던 것인데 2등급을 받은 것이다. 부장
들이 축하해 주었다. 그 축하 자리에서 나눈 이야기 중에 나는 보
고서를 내지 않아도 되는 것을 이관우 선생님이 나한테 연구를 가
르쳐 주기 위해 그렇게 밀어붙인 것 이란 사실을 뒤늦게 알았다.

고3 담임이기에 한 달에 1~2번 정도 신포동시장 안에 있는 '우
보서실'을 다녔다. 그러나 그 사실은 누구도 몰랐다. 김인자 선생
님은 그것이 궁금했던지 "신포동에는 왜 가느냐?"고 물었다. 그
때마다 나는 그냥 놀러간다고 얼버무렸다.

하루는 본인도 신포동에 옷 맞추러 갈 일이 있으니 차를 태워 달
라고 했다. 가톨릭회관에 차를 세우고 신포시장 안에 있는 서예학
원으로 가는데 옷가게로 가지 않고 주춤주춤 뒤를 따라 오더니,
옷은 나중에 맞추고 내가 가는 곳을 같이 가야겠단다. 굳이 말릴
일도 아니라서 4층 우보서예학원에 같이 갔다. 그런데 내 뒤를 따
라오던 김인자 선생님이 깜짝 놀라는 눈치였다. 본인도 평소 서예
를 해보고 싶었다면서 그날로 등록을 하고 우연찮게 서예학원을
같이 다니게 되었다.

1994년 후반기 어느 날 같이 차를 타고 신포동 학원으로 같이 가
면서 "올해 대학원에 등록할 거죠?" 하고 김인자 선생님이 물었
다. 나는 좀 난감한 표정으로 답했다.

"생각 좀 해보고요."

"뭘 생각해? 빨리 답해요. 차를 세워요." 하면서 김인자 선생님

▶ '향민(鄕旻)'이란 아호를 예명으로 사용하며 우보 민승기 선생의 지도를 받아 서예 작품전을 열던 용현여중 재직 시절의 저자(옆에 선 분은 부인 김혜성 여사=편집자)

은 운전까지 방해하는 것이었다. 도리 없이 부평역을 지나 현대백화점(현재는 '현대아울렛' 으로 개명) 앞에서 차를 세웠다.

"돈이 없어, 능력이 없어, 망설이는 이유가 뭐야?"

"나는 교단에서 쓰러지는 교사가 되려고 해요!"

"또 그 소리! 인하대학교 대학원 원서예요."

그러면서 서류를 내밀었다. 뒤로 물러설 자세가 아니다. 용현여중 근무 때 선배 교사들이 나에게 몇 번을 설명해 주었기 때문에 어렴풋이 그 방법들은 알고 있었다. 경제적인 문제는 집사람의 부업과 보충수업 등으로 충분히 가능했다.

"알았어요!"

그 후 인하대학교 교육대학원 사회교육과에 입학했다. 고3 담임을 하면서 1주일에 2번 학교 가는 것이 만만치 않았다. 2주에 한 번씩 돌아가면서 발표를 준비하려면 매주 1~3권의 책을 읽는 것이 빡빡했다. 수업준비까지 밀리면 4시간 이상 잠을 잘 수가 없었다. 나는 다행이 잠이 적은 편이다. 특히 새벽잠이 없다. 새벽 4시에서 4시 30분경에 일어나 책을 읽거나 수업준비를 하였고, 잠이 부족하여 견디기 어려울 경우에는 낮에 20분 정도 낮잠을 잤다. 그때 조도근 교수가 주임교수님이었는데 인천사회과 교사연구 지도교수이기도 하여 많은 도움을 받았다.

나는 평소 경제수업의 문제점을 안고 있었는데 그때 해결하게 되었다. 경제과목을 학생들이 어려워했고 특히 '한계수입', '한계생산성' 등 '한계'라는 단어가 들어가는 경제용어에 대해 이해도가 매우 낮았다. 문항 분석을 해보면 정답률이 50%를 넘지 못했다. 그 문제점이 무엇인지 알려고 노력했다. 나의 교수 수법에 문제가 있는지 알아보려고 타 학교 교사와 비교해 보기도 했다.

그러나 이 문제는 경제를 가르치는 교사의 공통된 문제였다. 이 문제로 지도교수님에게 여러 번 자문을 구하였으며 여름방학이 되면 세미나에 참가하여 교수들과 토론하는 과정에서 그 문제 해결의 실마리로 김경근(한국 고등학생의 경제 인지력실태) 고대교수의 책을 소개받기도 했다. 이 문제 해결을 과제로 잡고 논문을 쓰기로 하였다.

승진에 가산점이 되는 것이 어디에 있는지 알게 되었지만 그 자체가 목적이 되어서는 안 된다는 생각을 갖고 생활했다. 경제 교수·학습에서 학생들이 어려워하는 문제들을 쉽게 이해하도록 하는 데 고민했다. 문민정부가 이양되고 나서 〈특별교사 연구〉 공모가 있어 응모하여 선정되었다.

툴 북(Tool Book)이란 저작도구를 이용하여 소프트웨어(S/W)를 활용한 수업도구를 만들어 100만 원의 상금도 받기도 했다. 5년 만기 후 전근 갈 때 모교인 인천고등학교에 가려고 했으나 승진하려면 섬에 가는 길이 가장 빠르다는 선배들의 충고를 받아들여 섬으로 내신서를 바꾸었다.

그런 연유로 교동도에 있는 교동고등학교에 근무하게 되었다. 그런데 갑자기 정년이 3년 줄어들어 급하게 되었다. 근평이 문제될 것 같았다. 1년 만에 강화여고로 학교를 옮기게 되었다. 강화여고 3년차에 교감 연수를 받고 검단고등학교에 교감으로 발령을 받았다.

승진에 전혀 뜻이 없었던 나에게 김인자 선생님이 늦게 불을 붙여 주었고, 가장 빠른 시일 안에 승진 가산점을 획득하여 2005년 교장으로 발령을 받았다. 주위에서 관운이 있다는 말을 여러 번 들었다.

"김인자 누님! 이제 저도 곧 퇴임입니다. 고맙습니다."

그때 같이 근무했던 부광여자고등학교 여선생님들은 지금도 '연상의 연인 관계' 라고 말하고 있답니다.

내 인생을 바꾸게 한
책들

[인생철학을 갖게 해준 책]

첫번째 나를 변화시킨 책이 '천국의 열쇠' 이다. 대건중·고등학교는 우리나라 최초 김대건 신부의 이름을 따서 지은 학교이며 가톨릭재단의 학교이다. 중학교는 내 모교이기도 하다. 교사 중에는 신부, 수녀, 수사가 다수 있다. 나와 마주보고 있는 앞자리에 나와 나이가 같은 정애숙 수녀님이 영어교사로 있었다.

그 수녀님이 어느 날 내 책상 앞에 아무 말 없이 '천국의 열쇠 (아치볼트 조셉 크리닌 저)' 라는 책을 밀어 놓았다. 며칠 후 책을

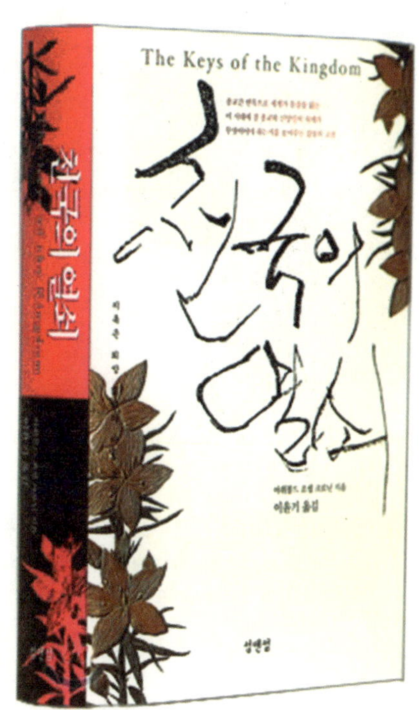

▶ 천국의 열쇠 표지(이 책은 A. J. 크로닌이
쓴 '프랜치스 치셤' 이라는 가톨릭 신부
를 주인공으로 한 가톨릭 소설이다)

손에 잡게 되었고, 책에 빠져 단숨에 책을 읽게 되었다. 다 읽을 후 책을 반납하니 이번에는 '성채' '……' 등 A. J. 크로닌(Archibald Joseph Cronin)의 책을 계속 책상에 밀어놓는 것이었다. 그런 일로 인해 종종 쉬는 시간에 주인공에 대한 이야기를 나누었다.

나는 불교의 교리에 관심이 많았으며, 대학시절에 몇 번 불교서클을 하려고 시도한 적이 있었지만 실패했다. 충청도 고향의 유교에 대한 뿌리 깊은 관혼상제의 관습과 예의범절이 나를 지배했기 때문에 다른 종교에는 관심이 없었던 것이다.

그러나 책을 읽은 후부터 주인공에 대한 이야기를 계속 하게되

▲ 남을 배려하고 희생하는 수녀님들의 삶에 반해 저자는 어느 날부터 교리공부를 하게 되었
고 1983년 영세를 받았다(이 사진은 저자의 부인이 연안 성당에서 영세받을때 찍은 사진
이다 = 편집자).

고 자연스럽게 종교에 대한 삶을 이야기하게 되었으며 종교생 활
의 본질까지 생각하게 되었다. 즉 봉사가 몸에 밴 분들이다. 내 앞
의 수녀님들은 수녀원에서 학교까지 걸어오면서 차비를 아껴 반
의 어려운 학생에게 우유를 사주었다. 학생들과 빈 병 모으기도
하였다.

그런데 학생들은 집에서 한번 가져오면 그것으로 끝났다. 그러
나 수녀님은 점심시간이나 쉬는 시간에 매점을 돌며 빈 병을 계속
모았다. 연말이 되어 빈 병을 모아 팔아서 모은 돈이 총 ○○만 원
이 되었다. 학생들에게 어떻게 쓰면 좋겠느냐고 학급회를 했더니
과자를 사서 파티를 하자고 하는 의견이 다수였단다. 그러나 담임

수녀님은 양로원에 위문을 가자고 했단다.

그런데 일부 학생들이 다만 얼마치라도 과자를 사서 먹자고 한 모양이다. 그때 학생들이 너무 이기적이며 봉사정신이 부족하다고 아쉬워하는 수녀님의 모습을 보았다. 교장 신부님은 다른 종교를 가진 교사한테 위화감을 줄까 봐 가톨릭 신자 교사의 모임을 조용히 하라는 말씀까지 하셨다는 말을 전해 들었다. 남을 배려하고 희생하는 삶이 책 속의 주인공과 흡사했다.

그 분들한테 반한 후 2년이 지난 어느 날 교리공부를 하게 되었고 1983년 영세를 받았다. 희생과 헌신의 본보기인 프란체스코라는 성인의 이름을 본명으로 정해 가톨릭 신자가 되었다.

[미래를 준비하게 해준 책]

앨빈 토플러의 '권력이동' 이란 책이다. 미래를 예측한 많은 점술가, 예언가, 학자들이 있지만 권력이동이란 책처럼 정확히 예언한 책도 드물다. 앨빈 토플러의 예언은 내 마음속에다 깊은 공감대를 형성해 주었다.

1970년대의 '미래충격', 1980년대의 '제3의 물결' 이 많은 사람들로부터 관심을 끌고 있었다. 10년을 주기로 책이 발행되었으며 1990년대의 '권력이동' 이라는 책이 나왔다. 기사를 보자마자 책을 구입했다. 미래에는 지식을 많이 가지고 활용하는 사람이 권력

▶ 앨빈 토플러가 쓴 '권력이동' 책표지. (이 책에는 '미래에는 지식을 많이 가지고 활용하는 사람이 권력을 가지며 지식을 활용하는 도구로 컴퓨터가 크게 활용될 것' 이라는 내용이 있었다)

을 가지며 지식을 활용하는 도구로 컴퓨터가 크게 활용될 것이라는 내용이 있었다.

그때의 컴퓨터는 연구소나 대학교수만이 가지는 것이었다. 가격도 비싸거니와 운영기술 또한 특수기술이었다. 그때 학교에 컴퓨터가 한 대 도입되었으며 과학과 강종수 선생님과 수학과 김우태 교사가 운영체계를 배우고 있었다.

나도 컴퓨터를 한 대 사야겠다는 생각을 했다. 집사람한테 이야기했더니 펄쩍 뛰었다. 한 달 월급이 넘는 비용이 부담스러웠던 것이다. 미래에 나이가 들면서 컴퓨터를 못하면 교사를 할 수 없으니 미리 준비하여야 한다고 설득했다. 삼보컴퓨터에 고등학교 동창이 있어 자문을 구했더니 교사 10명 이상이 공동구매하면 세금을 감면해 주는 제도가 있다고 하였다. 여러 학교를 취합해도 구입이 가능하다고 했다. 그때 우리학교 이관우 선생님과 같이 삼보컴퓨터 286을 구입했다.

컴퓨터를 다룰 줄 아는 교사가 흔치 않을 때 컴퓨터를 할 줄 아는 것만으로도 내 나이의 교사들 중에서 앞서 간다고 할 수 있었다. 컴퓨터를 가지면서부터 컴퓨터를 활용한 학습자료(S/W) 제작에 관심을 가지게 되었다. 그러다 정보산업고등학교 김세환 선생님한테 툴 북(Tool Book) 저작도구를 배우게 되었다.

그때 같이 컴퓨터를 배우던 교사들의 도움으로 학습자료를 만들 수 있었다. 그 덕에 인천시 대회와 전국대회에서 푸른 기장(전국 1등급)을 받게 되었다. 이 점수는 승진 가산점이 되어 나의 승진에 가장 큰 영향을 주었다. 한 권의 책으로 컴퓨터에 관심을 가지게 되었으며 학습자료 소프트웨어(S/W) 제작에 앞서 가면서 사회의 변화에 재빠르게 적응할 수 있었던 것이다. 이 책이야말로 교사로서 교감, 교장으로 승진하게 해준 내 인생에 영향을 준 한 권의 책이 되었다.

결국, 그 한 권의 책이 꿈을 꾸게 했고 몇 년 후 나는 그 꿈을 실현시켰다.

헌신적인 사랑은 체머리도
사라지게 한다

· 1979년 9월 27일 목요일.
· 학교평가 장학검열 받음.

그날 나는 도덕수업을 했다. 내 수업시간에 장학관 및 장학사들의 수업 참관이 있었다. 그 수업 시간 때 최○문 학생은 뒷문 맨 뒤에 반장과 같이 앉아 있었다.

맨 뒤에 앉은 최○문 학생은 외부 인사가 교실로 들어오니까 계속 힐끔거리며 쳐다보고 있었다. 장학관님이 이상한 행동을 하는 학생을 수업에 집중하라는 의미로 최○문 학생의 어깨를 두드렸다. 긴장했던 최ㅇ문 학생이 별안간 자신을 공격하는 줄 알고 "웨엑!" 하고 특유의 고함을 치며 발작증세를 보였다.

나는 수업을 하다가 말고 바로 뒤로 쫓아가서 "ㅇ문아!, ㅇ문아!, 괜찮아." 하면서 진정시키고 자리에 앉힌 다음 교탁 앞으로 돌아오는데 갑자기 뒤에서 최ㅇ문 학생이 방귀를 "빵, 빵!" 연거푸 끼는 것이었다. 교실은 갑자기 웃음바다가 되었다.

장학검열단 일행이 그 모습까지 지켜보다 교감선생님의 안내로 다른 교실로 향했다. 오후에 교무실에서 가진 종합평가 시간에 다시 최ㅇ문 학생의 방귀 이야기가 나와 교무실은 웃음바다가 되었다.

1979년 3월부터 모교인 대건중학교에 출근하게 되었다. 가톨릭 재단의 학교로 한국 최초의 신부인 김대건의 이름을 따서 지은 이름이다. 이 학교에는 내가 중학교 다닐 때 계시던 유홍수 선생님이 계셨다. 내가 중학교 다닐 때 선생님은 교련도 가르치셨다. 기억에 뚜렷이 남는 것은 직접 양동이에 물을 길어 나르며 화장실 청소를 하시던 모습이었다. 나중에 안 일이지만, 그때 야간 중학교가 있을 때 동인천에서 구두닦이를 하던 아이들을 데려다 공부를 시켰다. 그 중에는 커서 인천사회에 활발하게 활동하는 사람이 있다.

그때는 한 학급이 70명이었다. 교실이 비좁아 교단을 치우기도 하였다. 창문 쪽에 앉은 일부 학생은 쉬는 시간에 책상 위를 건너 창문을 뛰어넘어 화장실에 가는 경우도 있었다.

그때 1학년 4반 신입생 중 최ㅇ문이란 학생이 있었다. 담임 선생님은 문제영 선생님(여, 돌아가심)이었다. 최ㅇ문 학생은 3월초의 추운 날에도 양말을 신지 않은 맨발로 검정 고무신을 신고 다녔다. 집은 학교에서 그리 멀지 않은 인천광역시 동구 송림동에 있었으며, 가정 형편이 어려워 집에서는 아이를 돌보지 못하고 있는 처지였다.

이 학생은 체머리를 흔드는 학생이었다. 발음이 어눌하고 말을 더듬었다. 한글은 알고 있었지만 학습능력이 없는 학생으로 통제가 불가능한 자폐증상을 가지고 있는 학생이었다. 수업 시간과 쉬는 시간을 구분하지 못했고, 옆 친구가 건드리면 아무 때나 소리를 지르는 학생이었다. 누군가의 통제 및 보호할 사람이 필요했다. 담임은 이 학생을 덩치가 크고 힘이 있는 반장과 같이 앉히고 통제 및 보호 업무를 부여했던 것이다. 어떤 때는 반 학생이 놀리거나 기분 나쁘게 하면 그 학생의 가방, 책, 체육복, 책상 등을 칼로 난자질해 놓았다. 언제 그렇게 하는지도 모른다. 난자질한 책이 운동장에 있기도 하고, 체육복이 화장실에 있기도 했다. 그 돌발적인 행동 때문에 다른 학생들이 자제하기도 하고 선생님 또한 항상 긴장했다.

어느 날 선생님이 최ㅇ문 학생에게 좀 나무라거나 불쾌한 행동을 했던 모양이다. 다음 날 아침에 운동장에 멍석 만한 글씨로 'ㅇ

○○ 선생 ○○자식', '○○○ 선생님 ○○놈' 하고 욕을 써놓은 것이 여러 번 목격되기도 했다. 아마 어두운 밤에 몰래 와서 써 놓는 것 같았다.

그때 유홍수 선생님과 나는 스승과 제자가 다시 만난 것이다. 그 당시 유홍수 선생님은 학생들 사이에서 '주걱' 으로 통했다. 뒷주 머니에 주걱을 넣고 다니다가 말을 안 듣는 학생이 있으면 주걱으 로 때렸기 때문에 학생들로부터 '주걱' 이란 별명을 얻은 것이다.

유홍수 선생님이 1학년 4반 지리수업을 하던 때였다. 선생님은 교실에 들어가면 먼저 "ㅇ문아, 이리와!" 하면서 최ㅇ문 학생을 꼭 껴안아 주었다. 복도에서 만나면 손을 들어 최ㅇ문 학생의 손 과 레스링 할 때 터치하듯 마주치면서 안아주었다. 유홍수 선생님 시간이면 최ㅇ문 학생은 교무실 앞에서 기다리다 종 치면 선생님 의 책을 들고 앞장서서 교실로 가곤 했다. 그림자 관계가 되었으 며 교사뿐만 아니라 학생들 모두가 알게 되었고 건드리지 않았다.

2학년이 되었다. 이제는 학생들이 최ㅇ문 학생을 보호하고 같이 어울렸으며, 친구도 2~3명 정도 생겼다. 어느 날부터인가 최ㅇ문 학생의 체머리가 사라지면서 웃는 모습도 볼 수 있었다. 최ㅇ문 학생은 학교에 가장 일찍 등교하고 늦게 귀가하는 학생이 되었다. 운동장에서 혼자 노는 모습도 자주 보였다.

그때 교무부장이셨던 유홍수 선생님은 다른 교사보다 아침 일 찍 출근하셨다. 보통 8시 10분쯤이면 학교에 도착해 계셨다. 선생

님이 정문에 들어서면 현관에서 얼쩡거리던 최ㅇ문 학생이 서서
히 이동하며 다가갔다. 그러다 유흥수 선생님이 "ㅇ문아!" 하고
크게 이름을 부르며 손을 흔들면 최ㅇ문 학생은 뛰어가기 시작했
다. 운동장과 현관에서 마주 보고 달려오다 마주치면 운동장 가운
데쯤에서 손을 탁! 마주친 다음 꼭 포옹을 했다.

3학년 학생이 되었다. 비정상적이던 학생이 이렇게 정상적인 생
활을 하게 될 줄은 누구도 예상하지 못했던 일이다. 그때 모든 교
사와 학생들은 얼마 안 가서 학교를 포기할 줄 알았다. 교사들 모
두가 최ㅇ문 학생은 시설에 보내야 된다고 말했다. 수업에 방해되
며, 혹 자해라도 하거나 다른 학생을 해치면 어떡하나 하는 걱정
과 그 뒷책임을 걱정하는 선생님도 많았다. 그러나 학교측은 예의
주시하면서도 선생님들의 건의를 수용하지 않았다. 그런 사이 시
간이 흘러 최ㅇ문 학생은 어느 덧 다른 학생들과 함께 졸업을 하
게 되었다.

졸업 후 어느 날, 신포동을 지나가다 나는 최ㅇ문 학생을 만났
다. 최ㅇ문 학생은 반갑게 인사하며 직장에 다닌다고 하였다. 신
포동에 있는 인쇄소가 직장이라고 했다. 옆으로 슬금슬금 다가오
는 듯한 경계하는 특유의 버릇은 그때도 남아 있었다.

그러나 기적 같은 일이 일어났다. 모든 선생님들이 시설에 보내

자고 건의한 학생을 유홍수 선생님이 사랑으로 보살펴 정상적인 생활을 할 수 있는 학생으로 치유시켜 사회로 내보낸 것이다.

그것은 정말 기적이나 진배없는 일이었다. 나는 그때 유홍수 선생님을 통해 교사의 역할이 무엇이며, 헌신적인 사랑의 힘이 우리 사회에 어떤 기적을 남겨 놓는가를 두 눈으로 지켜본 것이다.

"한 사람의 헌신적인 사랑, 그 사랑의 힘이 얼마나 위대한 것인가를 보았습니다."

※ 체머리 : 머리가 저절로 계속하여 흔들리는 병적 현상. 또는 그런 현상을 보이는 머리.
　늑풍두선(표준국어대사전)

추억은 아름답지만 때론 진한 그리움을 부른다

2005년 9월.

서운중학교에 교장으로 발령을 받고 부임해 3년 반 동안 근무하면서 일어난 일들이다.

그때 근무했던 선생님들은 지금도 모여서 추억을 이야기하면서 즐거워한다. 추억은 언제나 아름답지만 그때가 가장 즐거웠다고 이야기할 때면, 그 사람들이 새삼 그립고 고맙게 느껴지기도 한다.

그때 나는 교직원들의 인화를 강조했는데 그것이 이루어졌나 하여 혼자 흐뭇해 하기도 한다. 지금도 그때 모임을 가졌던 부장

교사들이 "발로우맨(발로 뛰는 우먼과 맨)"이란 동호회를 만들어 모임을 계속하고 있는데 아래 글들은 그 당시 함께 근무했던 선생님들이 뽑은 논픽션(nonfiction)들이다.

[교장 선생님과의 진한 추억 모음]

1위. 양○○ : 계란 사건(축령산 - 철쭉축제)
2위. 김○○ : 부상 사건(방태산 부장연수 때
　　　　업고 내려온 사건)
3위. 서운중학교 교사의 화목을 위하여 전출교사
　　　간담회를 열어 많은 선생님들이 감동한 일.
4위. 예뜨란(수십 종의 물고기와 수생식물을 키우는
　　　작은 호수)을 만들어 학생들에게 정서적으로
　　　기여한 일.
5위. 인화를 위해 해외연수로 가족과 함께
　　　앙코르와트와 장가계 여행한 일.
6위. 진달래 축제(고려산), 철쭉축제(축령산),
　　　억새축제(명성산), 월악산, 삼악산, 등등
　　　테마축제 등산으로 몸과 마음이 행복했던 일.

[축령산 철쭉축제 때 생긴 일]

1위는 5월 축령산 철쭉 축제기간에 등산을 간 이야기다.

올라가는 도중 휴식 시간에 둘러앉아 간식을 할 때다. 삶은 계란을 가져 왔는데 나한테 먼저 권하고 다른 사람들도 들었다.

빙 둘러앉은 상태이기 때문에 계란을 깰 도구가 마땅치 않아서 서로가 머뭇거리고 있을 때였다.

"계란은 이렇게 깨는 거야." 하면서 내가 삶은 계란을 옆 사람 머리에 "탁 탁!" 쳐서 껍질을 까고 있었다. 그러자 옆에 앉은 양○○ 선생님이 자연스럽게 교장의 내 머리에 삶은 계란을 "탁 탁!" 쳐서 천연덕스럽게 계란을 까먹은 일이다. 그때 그 모습을 본 선생님들이 한바탕 웃음바다가 됐다.

양○○ 선생님은 부족한 것이 없는 분이다. 얼굴도 예쁘고, 수업도 잘하고, 건강하고, 악기도 잘 다루며, 봉사도 열심이다. 크리스천으로 방학이면 인도에 가서 1개월씩 봉사를 하기도 했다. 아직도 미혼인 것을 보면 총각들이 '설마 저런 사람이 남자 친구가 없을까?' 지레 짐작하여 접근하지 못하는 것 같다.

양○○ 선생님과는 이 일 외에도 추억거리가 또 있다. 여름방학 때 1정 연수를 간 교사들에게 문자를 보냈다.

"여기는 지리산, 시원한 바람 똘똘 뭉쳐 한 점 보냄. 폭염에 연수 잘……. 용용 죽겠지"

"너, 누구냐?"

"누구게?"

"까불지 말고 이름 밝혀!"

"맞먹어? 병철이다!"

여름 방학이면 1정 연수 등 교사들의 연수가 있다. 장기 연수를 받는 사람한테 문자로 위로를 하곤 했다. 중학교 교장단 연수를

지리산과 남해 일대를 돌면서 할 때였다. 이름을 밝히지 않고 양
○○ 선생님한테 문자를 보냈다. 양○○ 선생님은 담임을 맡고 있
을 때라 학생이 보낸 줄 알고, 계속 반말로 농담을 주고받다가 나
중에 교장인 내가 문자를 보낸 것을 알고는 난리가 났고, 개학 후
화재가 되기도 했다. 그 외에도 문자 때문에 일어난 이야기 거리
가 많이 발생했다.

등산을 시작하게 된 이유는 2006년도 여자 부장 중에 건강이 안
좋은 선생님들이 몇 분 있다는 것을 알았다. 나는 주말이면 자주
인근 산을 가기에 등산을 권했다. 건강에는 걷는 것이 좋고 특히
자연 속의 등산효과는 최고인 것 같다.

등산 안내는 주로 내가 했다. 거리와 속도를 조절하면서 인근 야
산부터 주기적으로 등산을 시작했다. 등산이 거듭될수록 자신감
이 생기고 몸의 변화를 느끼면서 건강을 위한 등산이 활성화되었
다. 그러면서 선생님들과 친밀한 관계가 되었다.

직장 내에서는 사무적이기 때문에 선생님과 친하게 지낼 수가
없다. 직장인들끼리 직장 외적인 모임이 잘 되어야 그 직장은 잘
돌아간다. 식사, 연수 등의 모임이 잘 이루어지면 사무적인 직장
내의 일도 잘된다. 인화는 그것이 최고다.

삶은 계란이 있을 때는 내 머리를 자주 이용하세요.

* * *

2위는 하계 부장연수 때 일어난 이야기이다.

하계 부장연수 첫날 강원도 인재의 내린천에서 레프팅을 했다. 둘쨋날은 방태산 등반을 했다. 날씨가 흐렸지만 여름 등산은 더위를 식히는 이슬비도 좋다고 하여 비닐 우비를 준비하고 등산을 시작했다. 평소에 등산을 하지 않은 김○○ 부장이 등산을 못하니 산 아래에서 쉬겠다는 것을 초입까지만 갔다가 힘들면 되돌아오라고 하였다.

등산코스는 〈미산리 → 한니동계곡 → 깃대봉(1435m) → 배달은석 → 능선삼거리 → 개인약수 → 대개인동 → 미산리〉로 잡았다.

어느 정도까지는 잘 올라갔다. 김○○ 선생님도 갈만한 것 같았다. 하산길이 다르니 김○○ 선생님은 혼자 떨어질 수도 없어 조금만 더, 조금만 더, 하면서 올라가다 보니 깃대봉(1435m) 정상까지 가게 된 것이다. 모두들 김○○ 선생님이 무난히 정상까지 갔으니 걱정을 놓았다.

그러나 하산 길에 탈이 나기 시작했다. 무릎이 아픈 데도 가파른 내리막길을 참고 절뚝거리며 걸어 내려오던 김○○ 선생님이 나중에는 몰려오는 통증 때문에 걸을 수가 없었던 것이다. 시간은 지체되고 통증은 더한 것 같았다.

그럼 모습을 지켜보고 있던 선생님들이 업고 가자고 제안했다.

▲ 하계 부장연수 첫날 강원도 인재의 '내린천'에서 레프팅 모습.

그런 즉석 제안을 김○○ 선생님은 처음에는 거절했다. 그렇지만 워낙 참을 수가 없을 만큼 통증이 몰려오자 나중에는 김○○ 선생님도 수락하고 말았다.

김○○ 선생님을 교대로 업고 내려왔다. 그날 남자가 셋이었는데 나에게는 김○○ 선생님이 잘 업히지 않으려고 했다. 이○○ 교감선생님과 키도 크고 힘이 좋은 체육과 젊은 이○○ 부장선생님이 가장 많이 업었다.

산길을 다 내려와서는 119에 신고하여 치료를 받고 인천으로 향했다.

이번 연수 길은 또 하나의 이야깃거리가 생겼다.

이○○ 선생님과 김○○ 부장선생님은 그 이후 등산하는 것을 보지 못했다.

199

미인을 언제 또 업어보나?

*　　　*　　　*

[전체 교직원회의 때 생긴 일]

3위는 전체 교직원회의에서 생긴 이야기였다.

서운중학교에 처음 부임해 보니 교장과 일부 교사간에 갈등이 심한 것을 알 수 있었다. 교사는 교장을 배척하는 눈치였다. 현관에 게시된 전임 교장들의 사진을 철거하라고 요구를 하는 등 미묘한 갈등이 내재하고 있음을 알았다. 취임 인사로 인화를 강조한 내가 무색할 정도였다.

부임 후 학교 규정집을 검토하는 과정에 부장 임명권에 대한 이상한 점을 발견했다. 부장 11명을 모두 인사자문위원회에서 선출하게 되어 있었다. 교장의 인사권이 완전히 무시되고 있었다. 교장은 부장임명 기안지에 사인하는 것과 임명장수여 하는 것 외에는 관여할 수가 없었다. 규정이 잘못된 것 같다고 확인해 보니 사실이라고 했다.

10월 말쯤 전체 교직원회의에서 부장 임명권에 대한 규정에 잘못된 점이 있으니 개정 발의할 뜻을 밝혔다.

"새로 부임해 온 분이 한 번도 시행해 보지도 않고 고치려는 것은 잘못이다."

▲ 학교행사나 모임 때 가끔씩 색소폰을 연주하는 저자(이 색소폰 연주는 서운중학교 재직 시절 교장과 교사간의 갈등을 해소하기 위해 시작한 수요일 교사 동우회 후원활동이 계기가 되어 저자도 악기 하나를 익히게 되었다=편집자)

"글로벌 시대의 요구에 맞는 교사의 의견이다."

교사들간에 웅성거리는 분위기가 이어지더니 마침내 여기저기서 노골적인 반대 의견이 터져 나왔다. 그러나 나는 단호하게 개정을 요구했다.

"이 규정은 교장의 인사권을 침해하고 있습니다. 그러므로 수용할 수가 없습니다. 교무부장은 이 규정의 개정을 발의해 주십시오."

교사들의 반발이 심하다며 교무부장이 어려움을 전해 왔다. 교장의 입맛에 맞는 측근들만 임명하는 폐단을 막기 위한 것이란다.

또 어느 선생님은 근평의 비리를 막기 위한 것이란다. 또 다른 선생님은 교육의 주체가 교사와 학생이므로 교장은 그것을 인정하고 따르란다.

다음 회의에서 교장과 교사들간에 다시 언쟁이 붙었다.

"11명 부장에 11명 인사자문위원회 추천은 교장의 인사권 침해다. 11명의 11은 절대로 안 된다. 자문의 본래 취지와 배치된다."

"……."

"만약 이 조항을 고치지 않으면 신학년도의 부장은 인사자문 없이 교장의 직권으로 임명하겠습니다."

내가 분명하게 내 복안을 밝히자 교사들도 강수로 대응했다.

"교장이 직권으로 임명하면 거부할 거예요."

"교장이 임명해서 거부하고 부장 사퇴서를 내면 그 자리는 재임명하겠습니다."

"……."

"만약 교장이 재차 임명했는데 거부하면 그 자리는 공석으로 남기고 행정처분을 신청하겠습니다."

나는 절대로 물러서지 않을 뜻을 밝히고 회의실을 나왔다.

내가 그 학교로 가기 전 부장선거는 이랬다.

1. 부장후보 신청을 하거나 추천을 받는다.

2. 신청이나 추천자 중 전교 직원이 3명씩 복수로 기표하여 다

득점자 순으로 정한다.

3. 인사자문위원회의 11명 추천.

4. 학교장 임명.

전년도에 본인의 의사와 관계없이 추천되었다가 탈락하게 된 선배 교사가 본인의 심정을 토로하며 교장의 의견에 일리가 있다는 발언으로 좀 수그러들었다. 취지는 다 좋은데 교장의 역할이 전혀 없는 것은 문제다. 규정에 1.5~2배수 이상 추천을 요구하였다. 그런 우여곡절을 겪으며 학년말까지 부장 임명권에 대한 규정이 개정되었다.

교장과 교사 사이에 불신의 골이 깊으면 다른 일을 할 수가 없다. 연구 시범학교 등 정책 사업을 한 번도 해본 적이 없었다.

인화의 방법을 모색하게 되었다. 그 중 하나가 다음해 10월 축제의 날 오후에 전출간 교사를 초빙하여 간담회를 하면서 새로운 학교와 서운중학교를 비교하여 장단점을 찾아 학교의 발전에 활용하도록 하였다.

매주 수요일은 교사들 동호회를 후원하여 주었다. 교내에서 발레 춤, 등산, 당구 등이 활성화되었다. 나도 그때 시작한 색소폰(Saxophone) 악기 연주가 이제는 나의 브랜드가 되었으며 자랑스럽다.

그 이후 3년 동안 개인 업무 외에는 교장과 교사들 간의 갈등은 한 건도 없었다.

*　　*　　*

[해외 여행 중에 생긴 일]

역시 소통은 여행이 백미다. 국내 및 해외로 방학이 되면 교사들과 같이 여행을 떠났다. 요즈음은 여자부장들이 많다. 여자부장들은 방학이 되면 평소에 소홀했던 가정살림도 하면서 가족과 함께 지내기를 바라며 더욱이 자녀와 같이 있기를 원한다. 해외여행을 하게 되면 가장 부담스러워 하는 것이 자녀들한테 미안하다는 것이다. 그 해결방법은 자녀와 함께 가면 되는 것이다.

2009년 여름방학은 캄보디아 앙코르와트로 정하였다. 초등학교부터 고등학교 학생까지 가족과 함께 29명이 다녀왔다. 지금도 아이들이 그때 이야기를 한다고 한다.

그 외에도 교사들과 국내 또는 해외여행을 가면 호칭을 교장이나, 교감, 부장으로 부른다. 솔직히 교장이란 호칭이 부담스러울 때도 있다. 그래서 여행 중에는 학교의 직책과 호칭을 사용하지 않고 큰오빠, 언니, 막내 등 대명사나 이름만 부르도록 하고 있다.

직책의 호칭을 부르면 벌금으로 1달러를 내기로 했다. 상대가 봐주면 안 되는 것으로 규칙을 정해 놓았다. 그 벌금으로 저녁에 술 한 잔 할 수 있는 술값은 충분했다. 계속 틀리는 사람은 10불을 내고 1일 푸리 패스권리를 부여받는다. 웃으면서 즐겁게 여행을 할 수 있는 방법이기도 했다.

여행은 그야말로 사람의 마음을 넓게 해준다.

서울 왕복 660리 길을 걸어서 이룬
내 친구의 꿈

1961년 3월 7일 화요일.

이날은 목면초등학교 졸업식 날이다. 나는 새벽 첫차 버스를 타고 인천으로 이사를 갔다. 3월 8일이 중학교 시험을 위한 소집일이기 때문에 졸업식에도 참석하지 못하고 새벽에 출발하는 것이었다. 그때만 해도 중학교에 진학하는 학생이 몇 명 되지 않았고 나는 아버지가 인천에 계셨기에 인천에 있는 중학교로 진학을 하게 되었다.

여러 동창회가 있지만 초등학교 동창회가 가장 부담이 없다. 초등학교가 최종 학력인 경우도 있지만 농촌 특유의 집성촌의 영향으로 서로 친인척의 인연으로 맺어진 경우가 많아 잘되고 있다. 그 초등학교 동창회는 주로 고향에서 하게 된다. 서울에 거주하는 동창들은 주로 차를 렌트하여 같이 내려간다.

이번에도 봉고를 렌트하여 고향인 청양으로 동창회를 위하여 이동하고 있었다. 이동 중에 서울 성수동에 사는 '한문수' 라는 친구가 본인이 공부하게 된 이야기를 하기 시작했다. 그 이야기가 하도 애절하여 동창회를 마치고 올라와서도 내내 내 마음이 짠했다.

문수는 청양군 목면 신흥리 음저뭇 금강변 마을에서 살았다. 농사처는 샛터 마을 들판에 있었다. 샛터는 청양으로 가는 버스 길목 대평리로, 양지 바른 산자락을 따라 길게 이어진 마을이다. 정산중학교 학생들의 통학길이기도 했다. 대부분의 학생들은 2시간 거리를 걸어서 다녔다. 좀 나은 집은 자전거로 통학했다.

문수는 가난하여 중학교 진학을 못하고 초등학교 졸업 후 농사 일을 하고 있었다. 논에서 일을 할 때 오후가 되면 정산중학교에 다니는 친구들이 지나가는 것을 볼 수 있었다. 그가 좋아하던 면장 딸 병희가 가장 부러웠고 그녀가 지나갈 때는 논둑에 숨어 있었다. 그렇게 부끄럽고 서러울 수가 없었다.

세월은 흘러 그 친구들 일부는 고등학교에 진학하게 되었고 친구는 벌써 18세가 되었다. 물건을 사고 팔기 위하여 공주 시장에 가면 친구들을 볼 수 있었다. 교복 입고 가방 들고 가는 친구의 등

▲ 차령고갯길 입구에 있는 자연누리성(옛날에는 차령고개를 넘으려면 이 길을 통과 해야만 했다)

뒤를 물끄러미 쳐다보다가 모습이 사라진 뒤에야 발걸음을 옮겼다. 주말이면 집에 온 동창들을 만나 이야기하다 보면 이야기의 소재가 달라 점점 거리감이 느껴졌다. 집에 와 잠자리에 들어도 뒤척이며 한숨이 나왔다. 본인의 신세가 한탄스러워 많이 울기도 했다.

'공부 할 수 있는 방법은 없을까?'

친척 고모할머니가 서울에서 '천일약국' 을 한다는 이야기를 들어 알고 있었다. 할머니의 사위가 주인이며 할머니의 아들 아저씨도 일을 하고 있다고 들었다. 어려서 얼굴을 몇 번 본적이 있었다. 혹시 그 할머니 집에서 낮에는 심부름을 하고 밤에는 야간 중학교

▲ 초등학교 동창들과 칠갑산 산행 때 찍은 저자의 고향 친구들 (앞줄 오른 쪽에서 두 번째가 '한문수' 친구이고 맨 왼쪽이 저자 = 편집자)

라도 진학할 수 있지 않을까 하는 생각이 들었다.

그래서 그해 3월 말, 동생이 폐렴으로 폐에 이상이 있다며 공주 병원에 가는 날 어머니한테 이야기했다.

"나 일주일 놀다 올 테니 찾지 말고, 걱정하지 말고 계세요."

그때 어머니는 동생을 치료하려고 마련해 놓은 돈 중에서 50원을 빼주었다. 더 이상 묻지도 않았다. 아들의 안타까운 마음을 너무나 잘 알고 있었기 때문이란다. 아들처럼 착한 놈도 드물다. 콩 심은 데 콩 나고, 팥 심은 데 팥 나는 놈이다. 그렇게 학교 가기를 원하건만 학교 보내 달라고 땡깡 한번 부리지 않는 놈이다.

그 당시 아들은 원터 교회에서 운영하는 중학교 과정을 야학을

209

다니면서 공부하고 있었다. 혹시 올해 3월에나 중학교에 입학시켜 주지나 않을까 학수고대하고 있던 눈치였다. 그런데 갑자기 동생이 폐렴에 걸렸다. 당장 치료하지 않으면 폐에 물이 차서 죽는단다. 심지가 굳은 아들이 놀러 간다니 필경 어디 친구한테 가서 진학의 길을 알아보지 않을까 짐작을 하시는 것 같았다.

서울까지 330리라고 했다. 천천히 걸어도 하루 100리 길이라고 했으니 이틀이면 족할 것 같았다. 공주까지는 누구 눈에 띌까 봐 차를 타고 갔다. 전막에 내려서 차령 고갯길로 접어들었다. 차령 고개를 넘어 천안을 바라보고 가는데 배가 고파오기 시작했다. 거지처럼 얻어먹기는 차마 못하겠다. 물로 배를 채우고 지나가는 트럭한테 손을 들어 보지만 헛일이었다. 해가 서산에 한 발쯤 남았을 때 천안에 도착했다. 어차피 돈도 없고 국도 길을 따라 계속 걸었다.

밤이 되니 쌀쌀한 바람이 소매 끝에 스며들어 냉기가 돌지만 공부할 욕심으로 걷는 열기는 식히지 못했다. 별빛 따라 훤한 신작로 길을 혼자서 걷다 보니 적적하기도 하였다. 소리 높여 동백 아가씨를 불러 보았다. 배고픔도 피곤함도 한결 덜한 것 같았다. 주변이 점점 조용해지고 간간이 먼 동네 개 짖는 소리만 들릴 뿐이었다.

먼 곳에 불빛이 보인다.

이제는 쉬어갈 곳을 찾아야 할 것 같다.

이런 생각을 하면서 앞을 바라보니 '성환(成歡)'이다. 길가의 가계들은 문을 닫아 어둑한데 파출소 불빛만 환하게 보였다. 파출소에 들어갔다.

무궁화 둘의 순경 아저씨가 숙직 근무를 서고 계셨다. 사정 이야기를 했다. 30세 중반 정도의 순경 아저씨는 고맙게도 숙직실에서 재워줬다. 다음날 아침 떠나려는데 "주무셨으니 아침 해장은 하고 가세요." 하면서 해장국을 사주셨다. 집을 떠난 지 처음 먹는 음식이었다.

다시 걸어 평택, 수원을 지나 안양에 도착하니 이제는 더 이상 걸을 수가 없었다. 다시 파출소에 들어가 숙박을 신세 지고 이틀 반만에 서울에 도착했다. 종로 쪽이라는 것은 어렴풋이 알았다. 약방을 찾기 시작했다. 거리를 따라 보이는 약방마다 찾아가 물어보았다. 그러나 '천일 약국' 은 찾을 수가 없었다.

밤이 늦어 약방도 문을 닫고 거리는 한산해졌다. 다시 파출소를 찾아서 사정 이야기를 했다. 합숙소라는 곳으로 안내를 해주었다. 이곳은 침대가 이층으로 되어 있었다. 술 취해서 주절대는 사람도 있었지만 지친 몸이라 바로 잠이 들었다. 다음날도 길을 따라 찾아다녔지만 헛일이었다. 합숙소는 무료라는 것을 알았기에 다시 찾아갔다.

서울이 이렇게 큰 줄은 미처 생각지 못했다. 본인은 공주시내만 생각했다. 서울이 크니까 공주의 몇 배가 될 것이고, 공주 시내가 한 시간 거리이니 하루 이틀이면 충분히 찾고도 남을 거라고 생각했다. 집에 들어간다는 약속시간이 다가오고 있었다. 동생도 걱정이었다. 부모님은 동생 때문에 걱정인데 나까지 걱정을 끼쳐서는 안 된다. 내일은 꼭 찾아야 할 텐데……. 이런 걱정 대문에 밤잠을 이룰 수가 없었다.

발길이 떨어지지 않았지만 부모님과의 약속 시간을 지키기 위하여 다시 공주를 향해 걷기 시작했다. 오는 길도 파출소를 숙소 삼아 계속 걸었다. 이제는 학교도 갈 수 없으니 원터 교회에서 검정고시라도 열심히 하여야겠다고 다짐도 여러 번 했다. 하루에 18시간씩 걸어 공주에 도착하니 발은 쓰리고 아팠지만 집에서 걱정할 부모님과 고모를 생각하여 참고 걸었다.

어둑어둑한 길을 걸어가는데 공주 시장에 나왔다가 돌아가는 동네어른, 구기자 장사를 하시는 기술 씨를 만났다. 기술 씨가 자전거 뒤에 타라고 했다. 배도 고프고 허기지고 지쳐서 어질어질한 현기증까지 밀려와 자전거 뒤에 타면 떨어질 것 같아서 거절했다.

당시 고향 땅 우성다리를 넘어 원제에 작은 고모할머니가 혼자서 어려운 살림을 하고 계셨다. 동네어른 기술 씨와 헤어진 뒤는 더 걸을 수가 없어서 원제 고모할머니를 찾아가 "할머니 나 밥 좀 줘." 하고 방으로 들어갔다.

할머니는 화롯불을 안겨 주고는 밥을 하러 부엌으로 나가셨다. 그 사이 깜박 잠이 들었다. 누군가 깨우는 통에 눈을 떠보니 밥상이 눈앞에 있었다. 흰쌀로 지은 고봉밥 한 그릇을 다 먹고, 또다시 더 먹었다.

그렇게 배불리 밥을 얻어먹고는 출발한다고 하니 할머니가 혀를 끌끌 차며 자고 가라고 말리셨다. 자고 가고 싶음 마음은 정말 간절했으나 고모할머니 댁에 그대로 드러누울 수가 없었다. 동네 어른을 만났으니 가족들한테 분명히 연락을 했을 것이고, 그 연락을 듣고 혹 마중이라도 나오면 어쩌나 하는 걱정 때문에 다시 천천히 걷기 시작하였다. 밤길이라 찻길을 이용해 걷고 있는데 먼 데서 등불이 보였다.

가까이 다가가니 아버지가 "이놈의 자식!" 하며 한 번 고함을 치고는 목이 메어 아무 말씀이 없으셨다. 같이 따라 나온 고모는 흐느끼면서 자기 몸을 쓰다듬어 주셨다. 거지 몰골을 하고 있는 조카를 보면서 고모는 그날 밤 그렇게 안쓰러워하셨다.

그렇게 노상에서 가족들을 다시 만나 눈물로 상봉의 기쁨을 나눈 뒤, 늦은 밤중에서야 집에 당도했다.

아버지는 아들을 학교에 보내자고 결심하고는 고모한테 일러 준비를 해 놓고 있었다. 다음 날 눈을 떠보니 점심때였다. 개미 장민기는 초등학교는 1년 후배지만 나이는 동갑이다. 장민기(현재 LA에서 목사님으로 활동)는 당시 원터 교회에도 열심히 나가고 착실했다. 민기는 공주 기독교 계통의 영명중학교 3학년이었다. 아버지는 어머니한테 아들의 사정을 듣고는 결심을 하셨다. 무슨 일이 있어도 문수를 학교에 보내기로. 그런 일로 인해 책은 민기가 쓰던 헌책을 고스란히 물려받게 되었다. 중학교 1학년 헌 교과서를 보며 학교에 보내 준다니 꿈만 같았다. 뒤적뒤적 책장을 넘기다 다시 잠이 들었다.

다음날 고모와 같이 공주 영명중학교에 가서 입학 수속을 마쳤다. 다른 학생보다 한 달 늦었지만 당시는 그것이 문제가 되지 않았다. 18세에 중학교 1학년에 입학한 것이다.

2학기부터 장학생이 되었다. 원터 교회에서 배운 것이 큰 도움이 되었다. 자취방은 보증금 없이 월 1,000원. 둘이서 잠만 잘 수 있는 반칸짜리로 얻었다.

학교에서 제일 나이가 많은, "형아!"로 불리는 학생이 되었다. 그러나 성적이 우수하여 3년 동안 내내 장학생이었다. 3학년 때 다른 고등학교로 진학할 의사를 비쳤다가 담임으로부터 꾸지람을 듣고 동일 재단의 영명고등학교에 진학하였다.

21살에 고등학교 1학년에 입학.

3년간 장학생.

24살 고등학교 졸업.

3주 후에 군에 입대.

27세 제대.

4주만에 금호고속버스에 취직.

성실성을 보고 군대의 동료가 적극 추천하여 제대와 동시에 금호고속에 취업을 하게 되었다. 15년 직장생활을 성실히 근무했단다. 그 성실성을 인정받아 금호타이어 성동대리점 사장이 되었다.

뒤에 안 일이지만 그의 고모할머니 '천일약방'은 당시 종로 5가에 있었고, 그가 찾아 헤맨 곳은 지금의 종묘, 신설동, 청량리 일대로 기억하고 있었다.

그날 문수는 "본인은 남의 도움으로 살아온 사람"이라고 말했다. 그래서 봉사하면서 욕심내지 않고 재미있게 살고 싶다고 했다. 모교의 동창회 회장일 맡으면서 중학교, 고등학교 때 신세진 것의 일부라도 보상하겠다는 것이 문수의 계획이었다.

지금도 문수는 자기 주머니에 돈이 없으면 식사 자리에 가지 않는다고 했다. 왕복 660리 서울까지 하루에 한 끼 먹고 걸어서 갔다 온 벽창호 내 친구 ― 한문수. 향학에 대한 꿈과 성실성이 이루어진 삶의 승리자, 내 친구 ― 한문수, 아자!

문어발 성적표와 신포동에서
생긴 일

[여자를 너무 몰랐다]

1988년 3월 1일(화요일).

남학교에서 10년 동안 근무하다 인천광역시 남구 용현동에 있는 용현여자중학교에 처음 발령을 받아 3학년 담임을 맡았다. 여학생들이 말도 잘 듣고 수업태도도 아주 좋았다. 이런 학습 분위기라면 교과 성적도 큰 기대가 되었다. 그러나 그런 기대는 첫시험인 1학기 중간고사 결과를 본 후 여지없이 깨어지고 말았다.

잘못한 학생을 불러다 큰소리를 한 번 치면 눈물 흘리는 것을 보고 반성하나 보다 생각하고 달래느라 애를 먹기도 했다. 면담할 때는 똑바로 눈도 마주치지 못했다.

학년 담임들의 저녁식사 자리에서 내 이야기가 나왔다. 여선생님들이 한결같이 "유선생은 마음이 여려서 아이들한테 속고 있다."고 말했다. 내가 지도할 때 여학생들이 흘리는 눈물은 반성의 눈물이 아니란다. 나는 왜 속고 있는지 이해가 되지 않았다.

남학생들은 자기 입으로 잘못했다, 용서해 달라고 하거나 눈물을 보이면 타일러 보내면 된다. 잘못했다고 시인을 안 할 때는 매를 대서라도 받아낸다. 100%는 아니지만 많은 학생들이 그 약속을 지키거나 지키려고 노력을 한다. 즉 행동의 변화를 기대할 수 있다. 그런데 여학생은 그렇지 않단다. 그 후 내가 꾸짖을 때 여학생들의 태도가 시원찮으면 장명숙 여자 주임선생님이 불러다 매몰차게 닦아세우면 거짓을 시인하는 것이었다. 참 신기했다. 여학생들의 그런 속성을 3년이 지나고 나서야 어렴풋이 알 것 같았다.

첫 중간고사 후 어느 날이었다.

3학년에 올라와 첫 중간고사 결과가 나와 종례시간에 성적표를 나누어주게 되었다. 2학년말 성적 대비 가장 많이 향상된 학생을 불러 칭찬과 격려 박수를 보내줘야지 하고 마음먹었다.

"김○○, 153등 향상. 박수!" 하고 학생들에게 박수를 유도하면서 분위기를 띄웠다. 그런데 내 기대와는 정반대의 반응이 나왔다. 남학생들은 V자를 그리면서 당당하게 나오는데 여학생은 "아이! 그러면 어떻게 해요?" 하면서 반은 울음을 터트리며 마루 바

▲ 저자가 남자 중학교에서 10년간 근무하다 공립학교로 특채되어 첫 발령을 받은 인천광역
시 남구 용현동 627-38번지 에 위치한 용현여자중학교 교정.

닥을 구르면서 나온 뒤 성적표를 채가듯이 가지고 가더니 책상에 엎어져 울고 있는 것이다.

"……?"

어안이 벙벙했다. 이유를 알 수 없었다. 내 얼굴이 굳어지기 시작했다. 교실이 조용해졌다. 한편으로는 괘씸하기도 했다. 불손한 태도에 화가 나서 참을 수가 없었다. 개인 성적표는 반장한테 나누어주라고 일러놓고 교무실로 와버렸다.

다음날 아침이다. 전 날의 분위기도 있고 하여 출석 체크만 하고 아침 조회를 끝냈다. 교실 뒤 게시판에 준비해 간 종합성적표(반 전체의 성적표를 한 장에 표시한 통계)를 게시하고 나왔다.

▲ 저자가 담임을 맡았던 1988학년도 3학년 4반 학생들과 함께 찍은 기념사진.

그런데 갑자기 교실에서 "와아!" 하면서 큰소리가 났다. 그렇지만 그냥 교무실로 왔다. 1교시 후 우리 반 수업에 들어갔던 여선생님이 성적표를 들고 오셔서 내밀었다.

"왜요, 뭐가 틀렸어요?"

"애들 난리 났어요!"

성적표를 이렇게 공개하는 것이 아니란다. 이렇게 줄 때는 문어발로 만들어 주는 것이란다. 그때 나는 '문어발 성적표'라는 말을 처음 들었다. 성적표를 칼로 한 사람씩 잘라서 끝을 조금 남겼다가 개인별로 떼어 주는 것을 말했다. 물론 남학교는 10년 동안 종합 성적표를 다 그렇게 게시했다.

219

[남자들만 몰랐다]

10년 동안 점퍼에 아무렇게나 입고 생활하다가 여학교에 전근을 가니 집사람이 점퍼를 못 입게 했다.

"당신은 잠바를 입으면 꼭 노동자 꼴이야. 여학생들은 남학생과 다르니 단정하게 입어."

집사람의 참견이 심했다. 그런데 참 묘했다.

"넥타이 바뀌었네요?"

"옷이 바뀌었네요?"

"신발이 바뀌었어요?"

"머리 깎았어요?"

역시 여학생들은 귀신 같았다. 어떻게 그렇게 잘 알아볼까? 남학교에서는 없는 현상들이었다. 역시 관심, 세밀, 관찰력이 여성의 본성인 것 같았다.

다른 반에서 수업이 끝나고 시간이 남아 아무 질문이나 하라고 했다.

"선생님, 집이 어디예요?"

"글쎄다."

"신포동에는 왜 가요?"

"그건 왜 물어? 몰라도 돼."

"에이— " 하고 학생들의 합창이 나왔다.

가끔 신포동 가톨릭회관 앞에서 버스를 내려 길을 건너다보면 신포시장 입구에서 우리 반 아이들을 2~3명씩 자주 만날 때가 있었다. 그런 날은 자장면을 사주고 보내곤 했다. 어떤 때는 젊은 처녀 여선생님을 만나 족발집으로 유명한 대전집에서 동치미와 소주를 한 잔씩 나누다 헤어지기도 했다.

쌀쌀한 초겨울 바람이 부는 어느 날이었다. 고등학교 선배교사와 자리를 같이 하게 되었다. 그런데 그 선배 교사가 나를 추궁하는 것이었다.

"너, 소문이 좋지 않아!"

"……?"

"몸조심해야겠어."

"무슨 말이에요?"

"시침이 떼지 마. 춤바람 났다며……. 여자가 뭐 하는 사람이야?"

"무슨 말이에요, 뚱딴지처럼. 알아듣게 말해요?"

"너, 신포동은 왜 가?"

"네에?"

나는 그 당시 신포동에 있는 우보 민승기 선생이 운영하는 '우보서예학원'에 다니고 있었다. 그렇지만 그 사실을 숨겼다. 장명숙 부장님이 미술교사인데 글씨를 잘 썼다. 그때는 상장부터 졸업장은 물론 졸업대장까지 모두 붓글씨로 썼다. 그런 시절이어서 붓글씨를 쓴다고 하면 일도 많거니와 붓글씨를 잘 쓸 자신이 없었다. 또, 그때 나는 학원에도 잘 다닐 수가 없었다. 그냥 학원에다

적을 둔다는 생각으로 1주일에 한두 번 정도 나갔다.

그 무렵 사립학교에서 특채로 학교를 옮기면서 퇴직금을 받았다. 그 돈으로 나는 인천광역시 서구 가정동에다 조그만 집터를 마련하여 집을 지을 계획을 갖고 있었다. 그런 계획 때문에 처음 3개월은 신흥동의 항운아파트에서 다녔고, 그 후부터는 송현동 옛집에서 다녔다. 여름에는 가정동 집을 짓느라 가정동에서 다녔다. 그러므로 학원 다닐 여유가 없었던 것이다. 내 개인적인 그런 사정 때문에 우보서예학원에 다닌다는 사실을 숨겼던 것이 이상했던 모양이다. 출퇴근이 자주 바뀌고, 가끔 신포동에 가서는 감쪽같이 사라지니 소문이 무성했던 모양이다.

아침 출근길과 저녁 퇴근길이 다르니 춤바람 난 줄 알고 누군가가 내 뒤를 미행하면서 쑥덕거린 모양이다. 신포동 시장 안에서 사라지고 무도회가 있는 건물로 들어가니 바람난 게 확실하다고 판단했던 모양이다. 같이 근무하는 학교의 여교사들까지도 말이다.

나는 그때 신포동시장 안에 있는 4층짜리 건물에 다녔다. 지하 1층 생맥주 집, 2층 다방, 3층 무도회장, 4층에는 우보 민승기 선생님의 서예실과 동양화 화실이 있었다. 간판이 조그마하게 달려 있어 서실과 화실은 더욱 더 작아 보였던 모양이다. 눈여겨보지 않으면 눈에 잘 띄지도 않았다.

우보 민승기 선생님은 대건중학교에서 10여 년간 같이 근무한 분이다. 학교 보이스카웃 실에서 서예공부를 같이 하였으며 우리를 지도하였다. 1988년 대건중학교가 폐교되고 우리들은 공립학교에 특채되었다. 그때 우보 민승기 선생님은 사퇴하고 학원을 개원하였다. 그래서 학교에서 같이 공부했던 소촌 이준희(효성중학교에서 교장으로 퇴임) 선생님과 같이 그 학원에 다니고 있었던 것이다.

12월 어느 날, 우리 반 아이들이 버스정류장에서 내 뒤를 따라 버스에 타면서 우리 집을 방문한단다. 오지 말라고 할 수도 없어서 가자고 해놓고 가정동 집으로 안내했다. 집에 도착해서는 집사람이 해주는 국수를 먹었다.

그날 같이 간 학생 중에 유○현이가 있었다. 주판 5단인 ○현이는 암산을 잘해 시험 볼 때마다 내가 가장 어려워하는 성적표 계산을 해주어 내 비서노릇을 했다. 내가 계산하면 몇 시간을 해도 다 못하는 것을 ○현이는 1시간이면 해치운다. 교무실에서 계산할 때가 많았으며, 다른 반 선생님을 도와주기도 했다. 나는 그런 ○현이가 고마워서 평소에 먹을 것이 있으면 잘 챙겨주기도 했다.

그런데 그날 ○현이가 국수를 먹으며 "반찬 더 가져와." 하고 부엌에 있는 내 집사람한테 반말로 소리쳤다. 같이 온 반 아이들이 그 말투를 듣고 기겁을 했다.

"○현아! 사모님한테 그러면 어떻게 해?"

친구들이 민망한지 ○현이를 나무랐다. 그러나 ○현이는 "맞먹으려고 그래?" 하면서 국수 그릇에 얼굴을 처박고 화가 난 듯 국수만 건져 먹었다.

　그러다 갑자기 분위기가 조용해졌다. 그 조용함이 견디기 힘들었던지 수현이가 화장실로 들어갔고, 끝내는 눈물을 글썽이는 것 같더니 밖으로 나간 다음에는 무소식이었다. 혼자 집으로 가버린 것이 분명했다.

　학생들이 다 가고 저녁이 되었다. 집사람이 저녁상을 차리며 킥 웃었다.

　"여보! 아까 그 학생 당신 좋아하나 봐?"

　나는 무슨 말 같지도 않은 헛소리를 하는가 싶어 집사람을 돌아보다 그만 덩달아 킥 웃고 말았다.

　얼마 후 학년 모임에서 신포동 가는 이유를 고백했다. 선생님들이 그 고백을 듣고는 한바탕 배꼽을 잡았다. 이후 그 소문을 잠잠해졌다.

　그런 일이 생기면 남학생들은 다음날 수업시간에라도 "선생님, 어제 신포동에는 왜 갔어요?" 하고 바로 묻는다. 그러나 여학교는 달랐다.

　여학생은 수면 위는 잠잠하지만 수면 아래는 들끓는다.

　남학생은 수면 위는 시끄럽지만 수면 아래는 잠잠하다.

어느 학부모님과 제자가 준
특별한 선물

[집 한 채 값보다 더 값진 졸업 선물]

나는 단벌신사였다. 반듯한 정장이 없었다.

그때는 경제적으로 참 어려웠던 시절이다. 5남매가 공부하느라 매월 곗돈 붓느라 어머니는 허둥대고 있었다. 월급봉투를 어머니한테 드렸다. 지금도 집사람은 그때 서운했다고 말한다. 그때 월급봉투를 먼저 집사람한테 주고 다시 어머니한테 드리라고 말하지 못한 것이 후회가 된다. 빚을 다 청산했을 때는 다시 가좌동에 땅을 사서 은행 융자로 집을 지었다. 은행 이자가 20%가 넘었던 시기라 월급을 타면 나갈 돈이 정해져 있기에 매달 허덕였다.

그러니 옷을 산다는 것은 지불 순위가 뒤로 밀리기 때문에 옷이 별로 없었다. 남학생들은 옷에 별로 신경을 쓰지 않는다. 남학생들의 둔한 감각도 한 몫 했기에 편한 점퍼를 평상복으로 입고 다녔다.

그런데 학생들 사이에 선생님의 옷에 대한 이야기가 있었나 보다. 이 이야기를 학생들이 집에 가서 한 것 같다. 몇몇 학생들은 휴일이면 등산도 같이 가고, 집에도 여러 차례 놀러왔기에 집사람과 우리 아이들과도 잘 알고 지냈다. 옷이 없기는 집사람도 마찬가지였다.

12월 어느 날, 문형식(가명) 어머니가 전화로 자녀의 진학문제로 상의할 일이 있으니 사모님과 같이 좀 나오란다. 신흥동 로터리를 지나 신흥시장 안 음식점으로 약속했다. 그 학생은 그때 서울의 ○○고등학교 진학 문제로 고민 중이었다.

통학이 문제였다. 인천에서는 새벽 4시 반에 출발하여야 했다. 통학에 무리가 있어 하숙을 하자니 어린 아들이 걱정이었던 모양이다. 그때 ○○고등학교는 새벽 6시까지 등교, 12시까지 자율학습을 한다고 들었다. 아직 어린 학생의 처지와 경제적인 문제 때문에 나는 권하지 않았다.

그런데 그 학생의 어머니가 시장 안에서 양장점을 한단다. 직접 재단하고 바느질을 하면서 운영하니 인건비가 들어가지 않아 제

법 괜찮단다. 식사 후 가계 구경을 가자고 해서 갔다. 세 평 정도
의 가계로 신흥동 시장에서는 큰 편이었다.

가게로 들어가니 갑자기 줄자를 들고 몸의 치수를 재잔다. 양복
은 천 값은 얼마 안 되며 수공 값인데 본인이 직접 재단해서 가공
하니 부담 갖지 말란다. 우리 부부는 몸 치수를 쟀다. 제일모직, 감
청색, 줄무늬 맞춤 정장. 우리 부부의 지금까지 삶에서 가장 값진
선물이었다. 몸무게의 변화가 없어 그 감청색 양복은 10년간 나의
정장이 되었다.

집사람은 지금도 그 고마움을 잊지 않고 이야기한다.

[기능이 할머니가 내 손을 꼭 잡고 건네준 50원]

어느 날 오후.

무명 치마를 입은 시골 할머니가 교무실 앞에서 손을 까불며 계
속 손짓을 했다.

"누구 찾으세요?" 하면서 여선생님이 나가니 아니라는 표시로
손사래를 치신다. 들어오시라고 해도 문 앞에서 계속 손짓만 하신
다.

모든 시선이 집중되면서 교사들 모두가 웃으면서 손을 들어 확
인했다. 그때 내가 손을 드니까 그렇다는 듯 그제서야 고개를 끄
떡이신다.

우리 반 김기능 학생의 할머니였다. 말썽꾸러기 기능이가 싸움

을 하고서 복수한다고 자전거 체인을 가방에 숨겨 다니다가 소지품 검사에서 적발되었다. 학생부의 부모님 소환에 할머니가 대신 오신 것이다.

내가 복도로 나가니까 기능이 할머니가 내 손을 잡더니 몇 번 접은 지폐 50원을 손에 쥐어 준다. 그러면서 양손으로 내 손을 꼭 잡고 누구 들을까봐 아주 조심스럽게 "담배 사 피어." 하던 그 손길을 나는 아직도 잊을 수가 없다. 그때 필터 없는 아리랑 담배 한 갑이 50원이었다.

[시멘트 포대로 말아 온 소금에 절인 갈치 두 마리]

중학교 3학년 우리 반 문봉길이는 선재도가 집이다. 옛날 인천 극장을 지나 송월동에서 혼자 자취를 하기에 어머니가 자주 오신단다.

봉길이 어머니는 올 때마다 자취하는 아들에게 주려고 고구마, 갈치, 농산물, 해물을 꾸려 오셨다. 아침조회를 하고 교실 문을 나서는데 봉길이가 시멘트 포대 꾸러미를 갖고 줄렁줄렁 따라온다. 뭐냐고 물으니 고구마란다. 아직도 온기가 있는 군고구마였다. 어느 날은 시멘트 포대 두루마리를 가져왔다. 소금에 절인 갈치 2마리였다. 그 외에도 봉길이는 박대기 1마리 등등 심심치 않게 선물을 들고 왔다.

고등학교 원서 쓸 때 어머니가 학교에 오셨다. 선물 고맙다고 인

사를 하니 깜짝 놀라신다. 그것을 선생님한테 준 거예요? 친구한
테 주는 줄 알았는데. 이러면서 아침 학교 갈 때 어느 날은 팬티 바
람으로 연탄불에 고구마를 구워서 가고, 어느 날은 엄마가 가져다
준 생선을 시멘트 포대를 쭉 찢어서 두르르 말아 가져가더란다.
누구에게 주느냐고 물으면 대답대신 "으응" 하고 밑도 끝도 없는
말만하면서 나가더란다.

"선생님한테 줄 거면 양이나 많거나 포장이라도 잘 했어야지,
저렇게 철이 없어!"

철없는 그 모습이 내 마음속 깊게 자리 잡았습니다. 봉길이 어머
님!

[처음이자 마지막 받은 잊지 못할 선물 박스]

용현 여중에 근무할 때다.

12월 방학식 날 잘 포장된 TV 박스를 선물로 받았다. 무척 무거
웠다. 옛날에 결혼함이 올 때, 동네 청년들이 답례로 신랑한테 박
스는 크고 내용은 부실한 메주, 목침, 장작, 수정돌 등을 넣는 것을
보았다.

혹 그런 것이 아닌가 궁금했다. 박스 안을 풀어 보니 큰 배추에
우산대를 꼽은 허수아비가 나왔다. 번개탄 3개, 연탄 2장, 영양갱
2개, 편지가 있었다.

편지에 선생님한테 기억에 남을 선물을 하고 싶은데 아무리 생

각해도 좋은 것이 생각나지 않았단다. 동네 가계 앞을 지나다가
퍼뜩 생각했단다. 이런 것을 선물하는 사람은 없을 것 같아 이런
선물 준비를 했단다.

배추는 물감이 묻고 우산대가 관통하여 먹을 수가 없었다. 번개
탄과 연탄은 잘 사용했으며, 영양갱은 교무실에서 웃음 속에 나누
어 먹었다.

장○란.

네 말대로 그런 선물은 처음이자 마지막이다. 그때를 생각하면
지금도 웃음이 나온다. 그리고 아직도 그 선물은 잊지 않고 있단
다.

여고생의 졸음을 쫓아주었던
나의 첫사랑 이야기

　교실에서는 학생들에게 적당한 자극제가 있어야 수업의 효과를 얻을 수 있다. 그 방법 중의 하나가 시험을 본 후 1등을 한 반은 보상으로 1시간 동안 학생들이 원하는 대로 해준다. 그 중 여학생들이 가장 많은 요구하는 사항은 사랑 이야기다. 그때 해주던 이야기들 중의 하나가 "나의 첫 사랑" 이야기다. 고3 학생들은 잠이 부족하여 한 20분 정도 수업하다 보면 조는 학생이 생겨난다. 그래서 중간에 한 5~7분 정도 이야기를 해준다. 이야기가 길어지면 연속극처럼 1막, 2막 하면서 나누어서 들려주었다. 학과 공부보다 이야기를 더 좋아하는 학생도 있는 것 같다.

〈1〉

철마장 우리 집 마당에서 보면 넓은 안심리 뜰이 훤히 보인다. 아랫마을 오른쪽에는 학교가 있고 옹기종기 4가구를 지나 주경이네 집 옆으로 오자네 물레방아가 있다. 그 앞으로 공주에서 청양으로 가는 국도가 나 있고, 안심교를 지나면 안심리 시장이 있다. 거지들이 살던 안심다리에서 북으로는 미궐산이 우뚝 솟아 산자락 따라 동네가 이어진다. 미궐산을 중심으로 동으로는 무술, 남으로는 본의실, 북당골, 저수지가 있는 작은집 좀뱅이, 동맥이, 계봉절까지 이십 리 길이다.

우리 외갓집이 있는 마근동 정자나무가 보인다. 성자할아버지가 일본강점시대 공출을 적게 하고 뒤뜰에다 곡식을 숨겼다가 들켰단다. 그래서 동지섣달 마을 정자나무 아래 동네 사람들을 모아놓고 얼음 얼은 석주네 논바닥에다 옷을 벗긴 채로 성자할아버지를 꿇어앉혀 놓았단다. 성자엄마는 그런 참담한 모습을 보다못해 앞치마로 시아버지를 덮어 주었고, 일본 순사는 성자엄마를 채찍으로 마구 때렸단다. 그래도 성자엄마는 시아버지를 필사적으로 감싸면서 대신 맞았고, 일본 순사의 매질은 발광적으로 더 심해져 성자엄마는 마침내 얼음 얼은 석주네 논바닥에 쓰러졌단다. 그 모습을 본 찬익이아버지가 공포에 질려 소리를 지르며 논으로 쫓아갔고, 동네 사람들이 그 소리를 듣고 울분에 찬 고함과 함성을 지르자 겁을 집어먹은 일본 순사의 채찍질이 그때서야 멈추었단다. "징그런 놈들!", "징그런 놈들!" 겨울만 되면 혀를 차며 치를 떨던 외할머니 얼굴이 아직도 눈에 선하다.

그 석주네 논 끝자락에 마을 바람막이처럼 늘어선 버드나무 뚝길을 따라가면 아른아른 건지울 동네 앞뜰 언덕에 상여집이 보인다. 광복절이면 참배 갔던 장구동 모덕사(慕德祠)에서 흘러오는 내를 따라 남쪽으로 병풍처럼 펼쳐지는 사마산 기슭이 보인다. 호랑이 가죽을 처음 볼 수 있었던 모덕사는 목면초등학교 회장 최창주 할아버지를 모시는 사당이다. 최창주 할아버지는 우리기 잘 알고 있는 면암 최익현 선생이다. 최익현 할아버지는 일본놈들의 침략을 막기 위해 애쓰다가 대마도에서 스스로 곡기를 끊으며 단식하시다 돌아가셨단다. 사마산 자락에 여우네 동네를 지나면 꼴 베고 고기 잡는 습지가 펼쳐지고 곧 공주와 부여를 이어주는 뱃길 금강과 마주치게 된다.

사마산 기슭에 아침해가 솟아오르면 양치질을 하면서 아랫마을 오자네 집 호두나무를 쳐다본다. 아침 햇살을 받아 호두나무가 푸르게 빛난다. 오자네는 딸 부잣집이다. 딸이 다섯인데 그 중에 다섯째가 오자다. 언니는 내가 오자를 좋아하는 것을 아는 눈치다. 감추려고 했는데 들킨 것 같아 얼굴이 달아오르는 것 같다.

'알았을까?'

'모르겠지!'

어제 모기를 쫓으며 숙제를 하는데 오자가 보고 싶었다. 숙제를

▲ 어린 시절 철마장 저자의 고향과 미궐산 그리고 안심리 넓은 뜰 정경.

하다가 살며시 집을 나와 아랫마을 오자네 호두나무를 지나 집안을 엿보고 올 심산이었다. 호두나무는 우리 동네에서 제일 크며 오가는 길옆에 있다. 사랑채는 방이 두 개인데 큰방은 오자 아버지가 쓰고 작은 뒷방은 잘 쓰지 않는다. 여름이 되면 호두나무 밑에 자리를 깔고 주찬네 식구들과 같이 놀곤 한다. 여름이면 오자네 식구가 안채보다 바람이 잘 통하는 사랑채를 사용한다. 큰 호두나무 그늘도 있지만 금강의 바람이 여우네 앞 습지에서 풀 뜯는 소잔등을 타고 무릎까지 자란 안심뜰 파란 볏모 위를 물결치듯 몰려오는 바람맞이이기 때문이다.

　날씨가 더운 탓인지 사랑채 뜰팡에 메케한 쑥대 타는 냄새가 역

▲ 목면초등학교 제23회 졸업기념사진과 동창생들 모습(1961년 3월 7일)

겹다. 언니는 수를 놓고 오자는 작은 밥상을 책상 삼아 숙제를 하는 모습이 보였다. 훔쳐보고 있다가 고개를 들라치면 들킬까 봐 고양이 걸음으로 뒤돌아 갔다. 주찬네 벽오동나무 밑에 밀집 멍석을 깔아놓고 7남매가 시끌벅적하더니만 오늘따라 반쯤 지친 싸립 문만 보이고 조용했다. 5학년 선배지만 나이가 같은 주찬이는 진 돗개 종자라며 자랑하던 바둑이가 몇 번 아는 체하며 낑낑 짖더니 만 조용해졌다. 주찬이도 오자를 좋아하는 눈치다. 주찬이가 있으 면 심부름 갔다 오는 척하며 시치미를 뗄 판이다.

흙담을 끼고 가던 길을 멈추고 숨을 한번 몰아 쉰다움 다시 돌아 호두나무 밑에 섰다. 인기척을 알았는지 힐긋 밖을 쳐다보는 눈치

▲ 충남 청양군 칠갑산 도립공원 내의 면암 최익현 선생 동상.

다. 주춤하며 한 발 물러서다 용기를 내었다.

"오자야아!"

목소리가 작아 잘 안 들리는 것 같다.

"오자야아!"

좀 목소리를 높여 다시 불렀다.

"누구냐?"

언니가 수틀을 내려놓으며 밖을 쳐다보았다. 불빛에 가려 잘 안

보이는지 몸을 밖으로 내밀며 쳐다본다.

"어!, 병철이구나. 웬일이니?"

"산수 숙제를 몰라서."

▲ 면암 최익현 선생을 기리는 충남 청양군 모덕사(慕德祠).

“들어와.”

언니가 자리를 옮겨 앉으며 말한다.

“산수 숙제가 어디야?”

오자는 지금 막 4학년 산수 숙제를 하는 중이었다. 숙제하던 책을 앞으로 내밀며 ‘익힘문제’를 손가락으로 가르쳐 주었다. 숙제를 반쯤 한 것 같다. 숙제한 노트를 보니 지우개로 지운 자리가 새까맣게 나 있다. 내가 풀다 온 문제라 정답이 틀린 것이 눈에 띄었다.

“이거, 답 틀렸어.” 하면서 문제를 풀이해 주었다. 언니가 물끄러미 쳐다본다.

“병철이, 잘 한다!”

언니가 고개를 돌려 몸을 앞으로 움직여 쳐다보면서 웃는 얼굴로 말한다.

“맞아. 병철이, 공부 잘해.”

오자가 한 마디 거든다.

“너도 잘하자나!”

내가 무안하여 한 마디 했다. 우리 반 여학생 중에서 잘하는 편이다.

“오자는 산수를 잘 못하니까 잘 가르쳐 줘. 감자 먹어라.”

언니가 윗목 삼베로 덮어놓은 그릇을 당겨 주었다. 솥전에 닿아 누렇게 탄 감자와 반쯤 먹다 남은 감자가 담겨 있다. 오자의 산수 숙제를 다 해주고 단 걸음에 집에 왔다. 내가 공부 잘한다고 오자가 말했다.

나는 원래 공부를 잘 못했다. 학교 갔다 오면 토끼 풀 베랴, 나무하랴, 공부 할 시간이 없었다. 올해 4학년은 순봉이와 오자와 한반이 되었다. 내가 산수 시간에 앞에 나가서 문제를 풀게 되었는데 못 풀고 서 있었다. 선생님이 “누구 풀 사람?” 하니까 순봉이가 나가서 단번에 푸는 것이었다. 자리에 돌아와 앉아 있는데 그렇게 창피할 수가 없었다. 나를 쳐다보는 오자의 그 눈이 “바보!”라고 하는 것 같았다. 그 다음부터는 미리 공부했다. 애들이 나가서 못 풀 때는 저렇게 쉬운걸 왜 못 푸나 하는 생각이 들었다. 애들이 문제를 못 풀 때면 선생님 얼굴을 쳐다보고 있는 나를 시켰고, 그때마다 나가서 풀기를 여러 번. 산수는 순봉이보다 잘할 자신이 있었다.

　공부 잘한다고 칭찬할 때 나의 얼굴과 오자의 얼굴을 번갈아 바라보면서 빙그레 웃는 언니의 얼굴이 떠올랐다. 시치미를 떼고 있는 내 마음을 언니는 아는 눈치다.

〈2〉

　"너, 오자 좋아하지?"
　"이 새끼가!"
　"애들한테 퍼트린다."
　딱지를 다 잃은 순봉이가 약이 오르는지 지랄이다. 동네 친구로 순봉이, 영덕이는 같은 학년이며, 한 학년 선배는 경수와 주찬이고 1년 아래로는 장교와 필명이, 경구가 있다. 우리들은 나무하러 갈 때나 먹감으러 갈 때 언제나 붙어 다닌다. 아버지가 외지에 나가 계시는 우리 집은 친구들의 놀이터이다. 놀이 중의 하나인 딱지치기는 둥근 원 안에 딱지를 놓고 '가위, 바위, 보'로 순서를 정한 다음 내 딱지로 상대의 딱지를 쳐서 원 밖으로 밀어내면 먹는 내기 장난이다. 여러 번 하다 보면 원의 금이 지워져서 잘 안 보인다. 모호하게 딱지가 선에 달까 말까 걸려 있을 때는 판정하기 어렵다. 이럴 때는 입으로 흙을 불어서 선을 확인한 다음 판정을 한다. 그것도 어려울 때는 힘이 좀 센 사람이 우격다짐으로 승자가

239

된다.

순봉이 딱지가 금에 아슬아슬하게 걸렸다. 내가 금 안으로 빗대어 입으로 흙을 분 다음 판정 싸움에서 억지를 부렸다. 순봉이가 옆 사람한테 응원을 요청하며 “너희들 말해 봐.” 했지만 시원한 말을 안 해준다. 필명이는 빙긋이 웃으며 관망하고 있고, 장교는 무언가 말을 하려고 힐긋힐긋 내 눈치를 보고 있었다. 이미 판은 깨졌다. 약이 오른 순봉이가 내가 오자를 좋아하는 것을 알고 앙탈이다.

“이 새끼가, 너도 좋아하잖아!”
하며 어깨를 밀쳤다.

“이 새끼야, 내일 학교 가서 다 얘기할 거야” 하면서 씩씩대며 달라붙는다.

안구잽이 하며 엎치락 뒤치락 싸웠다. 장교와 필명이가 한 사람씩 잡고 띄어 놓았다. 싫다는 데도 내 뒤를 졸졸 따라다니는 일르기쟁이 옥희가 우리 엄마한테 싸웠다고 일렀고, 친구간에 싸웠다고 부지깽이로 엉덩이를 맞았다.

‘옥희, 이놈의 지지배 너는 죽었어……’

그렇게 벼르고 있는데 순봉이 엄마는 찐감자가 든 양재기 그릇을 가지고 오셨다. 혼나는 줄 알고 고개를 숙이고 있었다.

“착한 애들이 왜 싸웠어? 친구잖아.”

혼나는 줄 알았는데, 감자라니? 오늘 낮에 딱지치기할 때, 금에 살짝 걸린 딱지가 눈에 어른거렸다.

〈3〉

"병철이는 오자와 앉아."

시험 볼 때 부정행위를 막기 위하여 자리를 갑자기 바꿨다. 무작위로 선생님이 지정하는 자리에 앉아 시험을 보았다. 속으로 오자와 앉게 해 달라고 은근히 빌었다. 그런데 내가 바로 오자와 앉게 된 것이다. 겉으로 말은 안 했지만 많은 애들이 오자와 앉기를 원하고 있다. 책보를 들고 지정된 자리에 가는 동안 얼굴이 화끈거리고 가슴이 뛰었다. 많은 사람의 시선이 의식되었다. 내 속내가 다른 애들한테 들킬까 봐 서로 옷깃이 스치지 않으려고 조심했다. 시험 보는 중 살며시 오자 눈치를 보니 못 풀고 끙끙댄다. 그 모습이 몹시 안타까웠다. 가르쳐 주고 싶은 마음이 굴뚝 같았다.

'오자야! 시험 잘 봐.'

5학년 박노형 선생님이 담임이었다. 선생님하고는 친숙하게 지냈다. 선생님은 조치원이 집이어서 건너 마을 동네에 하숙을 하셨다. 일요일에는 계봉절, 신흥리 강변에 낚시를 같이 가기도 했다.

선거 때는 습자 시간에 붓글씨를 써서 검사 받은 다음 집에 붙이라고 했다. 어른들 사이에 오고가는 국회의 선거 말이 있었다.

"이승만 대통령, 이기붕 부통령."

"돈 잘 쓴다 정○선."

"될까 말까 이○철."

"뒤떨어졌다 한○로."

241

"더 배워라 윤○구."

"등거리 잠뱅이 박○서."

밤이 되면 선생님이 이웃 마을의 이장댁에 가곤 한다. 그때는 내가 선생님의 안내자가 되었다. 동네 어른들 앞에 투표용지를 내놓고 "다들 아시죠?"하면서 막걸리 술잔이 오고 갔다. 선생님 따라 가면 건넌방에서 배불리 먹을 수 있어 좋았다. 가정 방문 갈 때도 내가 안내자가 되었다. 산길, 지름길, 우렁이 많은 웅덩이, 메기가 있는 둠벙, 새우와 붕어가 많은 여우네 등 선생님은 나만큼 알려면 아직도 멀었다. 어두운 밤 산길을 갈 때면 들쥐 소리에도 소스라쳐 놀라고는 "넌 안 무섭냐?" 할 때는 내 어깨가 으슥해진다. 동네에 예쁜 처녀가 있는 곳도 곧잘 물어본다. 우리 집에는 동네 큰누나들이 엄마한테 언니, 언니, 하며 곧잘 모인다. 아마 아버지가 인천에 가시어 집에 안 계시기 때문인 것 같다. 근데 내가 보기에는 오자 언니가 제일 예쁜 것 같다.

선생님이 숙직하는 날이면 숙직실에 가서 채점을 도와주기도 했다. 간식으로 메뚜기 말려 볶은 것을 주는데 맛이 있었다. 선생님의 허리를 밟아 주기도 했다. 우리 반 애들 이야기도 하고, 반 분위기를 물어 보기도 했다. 그 와중에 은연중 내가 오자를 좋아한다는 것을 선생님도 알았나 보다.

<4>

　6학년이 되어 내가 우리 마을의 반장이고, 순봉이, 오자가 부반장이다. 올 봄소풍은 백제시대 수성인 목골 뒷산 성제로 갔다. 소풍 갈 때는 학교에 모여서 같이 갔다. 점심 도시락을 먹은 후 올 때는 마을별로 반장 부반장이 책임을 지고 인솔하라고 선생님들이 신신 당부한다.

· 절대로 물에 들어가지 말 것.
· 나무에 올라가지 말 것.
· 장난치며 숲으로 들어가지 말 것.
· 곧장 집으로 갈 것. 등등.

　1학년부터 앞에 남학생 뒤에 여학생 순서로 줄을 세웠다. 처음에는 내가 앞에서 인솔해 갔다. 얼마 가다 보니까 맨 뒤에서 오자와 순봉이가 무엇이 재미있는지 이야기하면서 깔깔대면서 야단이다. 가슴이 답답하고 괜히 화가 났다. 애들이 잘 오는지 보는 척하면서 자주 뒤를 돌아보았다. 성제산을 다 내려오고 개미마을에 접어드니 정자나무 그늘이 보였다. 휴식하면서 쉬었다 가자고 했다. 출발할 때는 부반장인 순봉이를 맨 앞에서 인솔하라고 하고 나는 뒤에 간다고 했다.
　"너, 오자랑 같이 가려고 하지?" 순봉이가 화난 얼굴로 대든다.

"내가 반장이야!" 하고 똑바로 쳐다보니 그때서야 순봉이가 아무 말 못하고 앞장서서 갔다. 순봉이는 나와 놀다가 화만 나면 오자를 들먹였다.

다음날 학교 뒤 건물 담벼락에 흰 백묵으로 낙서가 적혀 있었다.

'병철이와 오자가 좋아한데요!'

"순봉이 너, 우리 집에 오지 마."

〈5〉

인천에 있는 대건중학교에 입학하게 되었다. 오자가 보고 싶어 고향에 가고 싶었지만 갈 수가 없었다. 여름방학 때 오자한테 편지를 썼다. 그러나 내가 오자를 좋아한다는 것을 다른 친구들이 알까 봐 마을 동창 모두에게 편지를 다 써 보냈다. 그러다 중학교 2학년 말 겨울방학을 맞아 고향에 갔다.

1963년 1월 10일 첫번째 목면초등학교 23회 동창회를 가졌다. 우리보다 3~4살 많은 여학생들은 키가 크고 완전히 성인이 되어 있었다. 사진을 본 다른 사람은 대부분이 여선생님이냐고 물었다. 오자도 나보다 키가 커서 올려다 보였다. 마을 친구들과 주찬네 집에서 잤다. 오자 소식을 자세히 전해 주었다. 인기가 좋단다. 얼굴이 예쁘고 키가 커서 22회 동창 학생들도 좋아한단다. 내 키는 왜 이리 안 자라는지 모르겠다. 감자, 고구마를 많이 먹어서 그런가?

고등학교 학생이 되어 고향에 갔다. 고향에 가면 동네를 한 바퀴 돌면서 어른들에게 인사를 빼놓지 않는다. 오자네 집에 들러 부모로부터 소식을 들었다. 영준이는 4촌 동생이며 동창인 영옥이와 좋아하던 병희를 통해 오자의 소식을 제일 잘 알고 있었다. 공주에 있다고. 철마장 장교네 뒷방에서 친구들과 이불 속에서 오자의 소식과 동네의 근황을 이야기하다가 잠들곤 했다. 회사에 취직했단다. 남자와 같이 있는 것을 봤단다. 서울에 갔단다. 등등.

〈6〉

"포도밭에 가자."

1969년 8월 말 수강신청을 하러 학교에 갔다. 거기서 같은 과 친구들 4명을 만났다. 일감호(건국대학교)에 햇살이 반짝이는 오후 화양리 거리를 걸어가고 있었다. 지난 6월 3선개헌 반대 데모로 체루탄 가스가 가득했던 거리다. "저 높은 담을 어떻게 넘었지?" 학생들이 플래카드를 들고 3선개헌 반대 구호를 외치며 화양리 사거리까지 진출했을 때 경찰이 포위망을 펴며 학생들을 닭장차로 연행하기 시작했고, 학생들은 저 높은 담을 넘어 마을로 뿔뿔이 도망쳤다.

경찰의 수색이 시작되었다. 피신한 두 학생이 마루에 놓인 장기판을 깔아놓고 장기를 두는 척하고 있었다. 한 학생은 대청마루에 걸려 있던 예비군복으로 재빠르게 바꿔 입었다. 쫓아온 경찰이 장

245

기판을 보면서 "훈수나 들까?" 하면서 쳐다보다가 "형씨, 이름이 뭐요?" 하고 물어 학생이 이름을 밝히니까 "갑시다." 하고 연행되었다. 예비군복의 이름을 몰랐던 것이다.

재수 좋은 한 학생은 열린 방으로 신발을 벗어들고 무조건 들어가니 한 여학생이 책을 보다가 사태를 알고는 웃옷을 벗고 브레지어 차림으로 문밖에 나가 수색하는 경찰을 보고 "뭐하세요!" 하면서 소리를 지르니 경찰 두 명이 놀라서 대문으로 나갔단다. 사태의 수습을 기다리며 감자까지 얻어먹고 연행을 면한 행운아 이야기도 화재거리이다. 그 화양리 4거리에서 북쪽의 포도밭을 가기 위해서다.

수도여자사범대학 입구 쪽을 지나가는데 앞에서 여학생 3명이 함께 걸어왔다. 우리들은 1열로 바짝 서서 갔다. 상대방도 비키지 않고 다가 왔다. 2m 정도 전방까지 왔을 때 여학생의 열이 갈라지면서 웃으며 비켜갔다. 그쪽에서도 장난 끼가 있어 버티자고 한 것 같다. 그런데 그 중 한 사람이 낯익은 얼굴이다. 상대방과 눈이 마주치면서 깜짝 놀랐다. 초등학교 동창 이광숙이었다. 양쪽의 친구들이 먼발치서 우리들을 바라보고 있었다. 대충 안부를 묻고 옆 건물의 눈에 띄는 다방을 약속 장소로 정하고 다음주에 만나기로 했다.

광숙이는 동양정밀에 다닌단다. 화양리에 친구 둘과 자취를 한단다. 친구들의 소식을 전하면서 오자의 소식을 알게 되었다. 같은 마을에 살고 있기에 서로 소식을 아는 줄 알았단다. 광숙이는 오자와 중학교 동창이며 친하게 지내는 사이였다. 오자는 명동입구 신세계 백화점 옆 다방에 있단다. 4촌 언니네 다방에서 일한단다. 태연한 척했지만 보고 싶었다.

오늘 당장 가자고 했다. 그곳은 내가 1주일에 한번은 지나가는 길이다. 그때 나는 흥사단 운동을 하고 있었다. 흥사단 본부가 명동의 대성빌딩에 있었다. 매주 금요일은 '금요 개척자' 강의가 있었다. 매우 수준 높은 강의였으며 자주 듣고 있었다. 강사들은 유명한 석학들의 대학 교수들이었고 내가 알지 못하는 다방면의 학식을 얻을 수 있었기에 만족했다. 강의는 나의 비판 능력과 식견을 높여주는 강의라고 생각했다. 강의가 끝나면 걸어서 인천행 출발역인 서울역까지 걸어서 가는 경우가 많았다. 그 지나는 길목 2층에 내가 남몰래 사랑해 온 사람이 있다고 생각하니 가슴이 뛰었다.

〈7〉

다방 앞에서 오자를 놀라게 해주기로 광숙이와 짰다. 내가 먼저 손님처럼 다방에 가서 앉아있고 5분 후에 광숙이가 들어오기로 했다.

"어서 오세요."

두어 명의 여자 인사소리가 들렸고, 박재란의 '시원한 밀짚모자' 노래 소리가 들려왔다. 한산한 분위기였다. 고개를 약간 숙이

▲ 마을 정자나무 아래 동네 사람들을 모아놓고 얼음 얼은 석주네 논바닥에다 옷을 벗긴 채로 성자할아버지를 꿇어앉혀 놓았다고 전해지는 안심리 고향마을 논들(○표한 부분이 저자의 기억 속에 남아 있는 석주네 논이다=편집자)

고 입구와 먼 구석의 빈자리에 가서 앉았다. 상대에게 들키지 않고 찾는 사람을 확인하려 곁눈질을 했다. 카운터에 앉아있는 사람이 분명 오자였다. 무언가 정리하고 있었다. 물 컵을 든 종업원이 다가왔다. 일행이 있으니 주문은 나중에 한다고 했다. 내 눈길은 카운터에 있는데, 상대방은 무엇을 하는지 손님이 왔는데도 쳐다보지도 않고 전혀 무관심이다. 만나면 무슨 말을 할까! 껴안을까! 뚫어져라 쳐다볼까! 온갖 상상을 다해 보았건만 결국은 물잔만 홀짝거렸다. 시선을 끌기 위하여 물 한 잔을 더 신청 할 때 광숙이가 들어왔다.

"오자야!"

"웬일이야?"

"별일 없었지?" 하면서 광숙이는 내가 앉아있는 테이블로 다가왔다.

"여기 앉아." 하면서 카운터 가까이 탁자를 가르쳤지만 광숙이는 다가와 나와 마주 앉았다. 그때서야 나와 오자가 눈이 마주쳤고 "어! 어! 이게 누구야!" 하면서 반색이다. 내가 일어나 악수를 했고, 이제 다시는 놓치지 않을 심산으로 힘을 주어 악수하면서 놓지 않았다.

"손가락 으서져~!" 하면서 오자가 아픈 듯 손을 뺐다.

카운터에 앉은 오자를 보면 누구보다도 예쁘다. 테이블에 젊은 사람과 앉은 것을 목격한 날은 주먹 쥔 빠른 걸음걸이로 남대문을 지났다. 말쑥한 신사와 큰소리로 웃는 모습을 보았을 땐 돈 없는 내 신세를 돌아보며 다짐도 했다. 그럴 때는 남대문 옆 상공회의소 수출 집계 전광판을 바라보며 발전하는 경제에 희망을 안고 입을 악물며 서울역에 도달하기도 했다.

인천행 막차를 탔다. 마주앉은 여학생의 눈길을 피해 창 밖 어두운 먼 하늘을 응시하면 차창에 얼른거리는 여학생의 얼굴에 오자의 잔상이 춤을 춘다. 금요개척자 강좌의 단골손님이 되었고, 덕수궁 돌담길은 애인 흉내로, 남산 길은 손잡을 욕심으로 다녔다. 그런 사이 꿈같은 시간이 지나갔다.

〈8〉

둘째 동생이 대학에 진학했다. 학자금의 압박을 피해 계속 연기해 온 군복무를 마치기로 했다. 1971년 3월 24일 입대 영장이 나왔다. 2월 어느 날 광숙이와 같이 셋이서 남대문 시장 족발집에서 송별회를 했다. 훈련에 대비한다는 핑계로 가끔은 건서와 같이 서울 근교 산들을 미친 듯이 섭렵했다.

군에서 쓰는 편지의 답장이 말없이 멀어지고, 답장 없는 편지를 계속했다. 휴가 길에 들른 다방에는 낯 설은 주인이 나를 반겨 주었다.

1974년 2월 14일 제대했다. 고향에서 광숙이의 남동생 학주한테

▲ 어린 시절 오자와 함께 다녔던 충남 청양군 철마장 마을과 목면 초등학교(우측 갈색 건물).
앞에 사만산이 보인다 = 편집자.

서 누님의 결혼 소식을 들었다. 오자는 오빠의 친구와 결혼했단
다.

대학교 졸업 전까지 학자금 버느라 바빴다. 명절 큰집에 가는 고
향길은 고생길에다가 제사, 성묘 후 집에 오기 바빴다. 오자 없는
나의 살던 동네는 오고가며 스쳐 가는 영상에 아련한 옛날 추억에
불과했다.

〈9〉

나도 1978년 5월 21일 결혼했다. 5월 27일(토)은 할아버지 입제

251

일이었기에 친척 어른들께 인사 겸해서 고향에 내려갔다. 서울 토박이 아내는 강변 늦은 밤길을 무척이나 무서워했다. 부스럭대는 벌래 소리에도 소스라치게 놀라고는 앞서거니 뒤서거니 반복하는 사이 임장골 큰집에 도달했다.

준비된 할아버지 제사에 지방 쓰라고 내미는 종이에 난감했었다. 초등학교 졸업 후 서당에 다니던 4촌이 나를 구했다. 교사한다는 놈이 지방 하나 못 쓴다고 혀를 차던 당숙 어른은 나를 무척 당황하게 했다.

28일은 일요일이었다. 새색시는 장터 4촌 동생 집에 남겨두고 잠시 철마장에 들렀다. 가는 날이 장날이라고 그날은 좋아했던 사람 호두나무집 오자 아버지의 칠순 날이라고 동네 어른들이 모여 있었다. 사랑채로 들어가 어른들께 인사하고 안채로 들어가 오자의 형제자매들과 동네 아주머니들과도 인사를 나누었다. 빙 둘러 앉은 아주머니들이 병철이 왔다고 집안 소식 나누면서 5남매 대학 공부 가르쳐 교사가 된 큰아들 장가들어 인사 왔으니 장하단다. 마근동 댁은 도시에 나가 성공했다고 칭찬이다. 오자는 딸이 둘이라고 했다. 방 가운데 교자상을 사이에 두고 둘이 대화하다 보니 호칭이 어색했다. 애가 둘에 남편이 있는 오자를 반말하기도 그렇고 존댓말 하자니 어색하여 말끝이 흐려졌다.

"오랜만~이에요~."

"그래~요~."

"딸이 참 예쁘네요. 몇 살이에요?"

서로 간에 어물어물 몇 마디 하다가 오자가 먼저 말을 꺼냈다.

"야, 좀 어색하다, 우리 말 놓자."

"그래, 그게 좋겠다."

방안의 웃음소리가 차양 친 마당까지 퍼져 나갔다.

"결혼은 했어?"

"응."

"애는?"

"일주일 전에 했어."

"어어?"

"어제가 할아버지 제사라 같이 왔어."

"어디 있어?"

"장터에."

"같이 오지!"

방에 있는 다른 어른들이 결혼을 축하해 주었다.

〈10〉

나이가 들다보니 초등학교 동창이 보고 싶었다. 23회 동창회를 결성하여 내가 총무를 보게 되었다. 거기에서 오자를 만났다.

남편의 치료를 위해 부천 중동으로 오자가 이사를 왔단다. 남편은 암으로 유명을 달리하였단다. 그 후도 종종 만났다.

"왜 그때 사랑한다는 말을 안 했냐?"

253

“그걸 뭘 말로 해야만 아냐?”

“그런 줄은 알았지만, 긴가민가했잖아!”

세 딸 중 큰딸이 태평양화장품 회사에 근무했다.

그런데 어느 날 태평양화장품 회사 장학금 전달 차 내가 근무하던 부광여고 3학년 교무실에 왔다.

“선생님들, 내 첫사랑의 큰딸입니다.”

“예에? 언제?”

“초등학교 때. 딸 예쁘죠!”

“예에.”

선생님들이 맞장구를 친다. 나는 신이 나서 어깨가 으쓱해졌다.

“엄마는 더 예뻐!”

바로 그 시간이랜다

유 병 철

이제는 떠나야 할 시간이랜다.
그럴 나이가 됐단다.
셀레임, 호기심, 자심감이 마음 구석에 있어도
나, 40대이거든?

이제는 떠나랜다.
미래가 흐리댄다.
모임에 가면 병원 정보가 흘러 나고
가족 고민거리가 불뚝불뚝 팟죽 끓듯 한다나.

이젠 떠나랜다.
판이 다르댄다.
60년대 7월 감자로 주린 배 채우던 말을 하면서
푸른 언덕 집뜰에 주렁주렁 감나무, 누런 벼가 네 꿈이잖아

이글거리는 7월의 한 낮
공 하나에 움직기는 저 심장들을 쳐다보고 있잖니
태평양에 다리 놓고
반달의자에 앉아 아바타와 대화하는 저들을 알아?

객석에 물러앉아 새 무대를 즐기랜다.
낡은 주머니 사이로 비집는 건강 챙기고
웃주머니 가슴에 넣어둔 포르스름한 마음
굽은 허리에 굴러떨어질라!
10년 후 너를 보면 그게 바로 네가 지금까지 살아온 길이여.

학교에서 말하지 못했던
이야기들

우리나라 교육은 모든 국민의 지대한 관심 속에 누구나 전문가이다. 교육활동이 다양하다 보니 일관된 정론을 논하기가 어렵다. 그러므로 여기에 이야기하는 것은 내가 몸담고 있는 인천지역의 중·고등학교의 현실에 입각한 내용을 중심으로 한 것이며, 평소에 내가 느끼고 경험한 것들에 국한되어 있다는 점을 먼저 밝혀둔다.

어느 동료 교사가 요즈음 학교에서의 생활이 너무 힘들어 학교 오기가 겁나고 싫증이 난다며 나의 생각을 물어보곤 한다. 교사임

용 시험이 고시보다 더 힘들다는 곳이 교직이다. 그런데 학교에서 사건이 일어나면 염치없는 학생이 겁나고 이기적인 학부형을 대하기가 힘들다며 사직하는 교사들을 볼 때면 안타깝다.

나는 이상하리 만큼 한 번도 학교가 싫어 본 적이 없다. 즉 적성이 맞는다고 할까? 말썽꾸러기 아이들이 좋고, 장난치고 싶고, 같이 뛰고 싶다. 요즈음 학교가 많이 변했다는 것을 실감할 수 있다. 처음에는 퇴임 기념으로 지금까지 하였던 훈화나 낙수들을 모아 하나의 문집으로 엮으려 했다. 그러나 내가 지나온 길을 되돌아보면 그때 어렵게 보냈던 일들이 지금도 생생하게 추억으로 남아 있으며, 힘들었던 일들이 보람으로 다가오는 것을 경험하고 있다.

그리하여 책의 방향을 바꾸기로 했다. 즉 내가 겪었던 사건들을 소개함으로써 교사들에게 힘을 주고 인내하며 소신껏 교육하는 힌트를 주고 싶었다. 학생의 가정 일이나 고뇌에 의한 사건은 사건 자체가 크더라도 '모르쇠'로 지나가고, 습관과 관계 있는 사건에는 작은 일이라도 엄하게 다루었다. 또 학생과 학부모들은 모든 교사가 겪는 고통을 이해하고 믿어주기를 바라는 마음이다. 내가 겪었던 일보다 더 많은 사건들을 겪으며, 지금도 밤늦게까지 봉사하고 고생하는 교사들을 응원해 달라고 말하고 싶었다. 학교가 비리의 온상인 양 대서특필하는 언론들, 학교의 권위를 나 몰라라 하는 정치인들을 볼 때면, 교육의 본질이 흔들릴까 안타까웠다. 학교에서 평소에 말하지 못했던 작은 일들을 소개하여 일선 교사들의 하는 일을 대변하고 싶었다.

257

국민 전체가 풀어야 될 학교의 문제들

학교의 첫 번째 문제는 고등학교 학력의 준비가 되어있지 않은 학생들의 문제이다. 그 학생들의 숫자는 5% 내외(1~3명)의 학생들로 미미한 숫자이지만 파장은 커 방치할 수 없는 실정이다. 이 학생들은 대부분이 학력평가결과 학력미달 학생들이며, 이들을 지도하다 보면 어려움이 많다. 학습에 전혀 관심이 없기에 지도하기가 무척 힘들다. 즉 방과 후 수업의 프로그램을 마련해도 무단이탈하면서 참여하지 않으며, 강제로 하는데도 한계가 있다. 여기 한 예를 들어 보자.

2010학년도 5월 학력미달학생 방과 후 프로그램에 참가를 거부한 학생들 13명을 교장실에 모아놓고 대화를 하였다. 한 시간을 설득하고 필요성을 강조한 다음 질문 기회를 줬다. 한 학생의 요구 사항이 "교장 선생님, 저 잠자게 내버려두면 안 돼요?" 였다. 담임한테 연락하여 부모님 면담을 요청했다. 어머니가 오셨다. "아드님이 창살 없는 감옥살이하는 것 아세요? 일반계만 고집하지 말고, 교장한테 '잠자게 해 달라.' 고 하는 아들의 마음을 헤아려 주세요." 하고 요청했다.

2011학년도 5월말이다. 2학년 학생 아버지가 면담을 요청했다. 자주 있는 일이다. 자기 아들을 보람반(학력 미달학생의 방과 후 프로그램)에서 열외 시켜 달라는 요청이었다. 3시간을 대화했다. 7월 13일에 보는 시험에 통과하는 것이 의미가 없단다. 내일부터 당장 빠지겠단다. 단호하게 거절했다. 공부를 못하는 것이 흉이 아니지만, 자랑도 아니다. 학생들은 노력하는 과정이 매우 중요하기 때문이다.

위 두 사건은 교육현장의 한 단면이다. 이 학생들을 그대로 안고 가기에는 교사의 노력, 시간, 경제적인 부담이 너무 크며 낭비이다. 교실에서 잠자는 학생, 생활지도 집중지도 대상 등이다. 이 학생들은 학력보다 정신과 의욕을 심어주고 몸으로 행동하는 습관을 심어주는 대안학교에 버금가는 교육이 필요하다. 아니면 유급제도를 양성화하여 프로그램에 참여를 유도하는 방법이다. 평준화의 단점 보완이 꼭 필요하다.

일부 교사나 단체는 특별교육반은 우열반 편성이기 때문에 반대한다. 또는 '근접발달이론(러시아 비고스키, vygotsky)' 을 들어 반대하기도 한다. 그러나 필자나 현장의 그 현실을 보면 일부 학생에게는 낭비되는 시간이다. 그 격차가 너무 심하여 '근접발달이론' 의 효과를 볼 수가 없다. 교장한테 학급편성 및 특별관리 권한을 주던가, 정부 차원의 대안학교가 더 필요하다.

다음으로 학교 권위의 실추이다. 학교 권위 실추가 교직원의 책임도 크겠지만, 사회의 책임 또한 면할 수가 없다. 여론의 중심인 언론이 학교의 일들을 기사화하고, 정치인들은 파장이 큰 학교의 정책 및 갈등 모순을 극대화하여 여론몰이를 하고 있다. 학교의 비리가 있으면 단호히 법적인 책임을 묻고 모순이 있으면 해결하도록 협조 또는 지원하면 된다.

　학교를 흔들면 손해 보는 것은 학생들 자신이다. 교육은 존경과 경외가 공존하여야 그 목적을 달성할 수 있기에 그렇다. 생활지도가 교육의 첫째라고 생각한다면 더욱 학교는 존경과 경외를 기초로 신뢰와 믿음을 쌓도록 성숙된 사회의 배려가 절실히 필요하다. 본인이 격은 예를 하나 소개한다.

　2010년 가을 어느 날 오전에 한 통의 전화를 받았다.

　"여보세요, 계양고등학교 교장입니다."

　"야, 너희 학교는 질서교육도 안 시키냐?"

　"여보세요?, 계양고등학교 교장실입니다."

　"야, 교통질서 지도 좀 시켜!"

　"여보세요, 자세히 좀 말씀해 주세요."

　"선생들은 뭐 하는 거야?. 아홉시 자율학습 끝나고 지도 좀 해."

　나는 화가 나서 더 이상 참을 수가 없어서 큰소리로 맞대응 했다.

　"야, 너는 이런 말버릇을 학교에서 배워서 하냐? 너도 똑 같은 놈이야……!"

　"어, 어—."

　"야, 못났어도 고등학교 교장인데, 너 이렇게 밖에 말 못해?"

　"애들이, 배운 대로 하냐? 너는 어느 학교에서 배웠어……!"

　"……."

　30대 초반의 앳된 목소리가 계속 반말을 해왔다. 이런 전화는 가끔 온다. 그래도 상대는 나를 알지만 나는 상대를 모르기에 웬만하면 좋게 끝내려고 말을 받아준다. 그러나 이번은 젊은 목소리가 나를 아주 불쾌하게 만드는 것이었다. 밤 9시 자율학습이 끝나면 학교 앞 도로를 학생들이 한꺼번에 건너간다. 시정할 사항임에는 틀림없지만 사회에서 바라보는 교장의 권위를 생각하니 씁쓸했다. 그러니 교사들은 오죽할까?

학생 또한 덜하지 않다. 2010학년도 고3 학생들의 과벌점 문제로 고민을 많이 했다. 상점을 얻어 벌점을 상쇄하여야 되는데 몇몇 학생들은 요지부동이었다. 행동의 변화가 아닌 버티기 작전이었다. 그래도 2학기 수학능력시험까지는 참았다. 시험이 끝나면 어떤 방법을 동원하던 상쇄하도록 계획했다. 선도위원회를 개최하여 '벌점에 따른 등교정지 결정'을 상쇄 기회를 주는 조건부로 발표했다.

교장과 함께 하는 벌점상쇄계획을 발표했다. 1차, 2차, 3차 기회를 주었으나 학생들은 듣지 않았다. 등교 정지 내용이 생활기록부에 기재되는 것이 성공한 학생한테는 추억이 될 것이지만, 어떤 학생한테는 발목을 잡힐지도 모른다고 설득했다. 생활기록부에 기록되지 않도록 하자고 하소연도 하였건만 학생들은 듣지 않았다. 도리 없이 2011년 2월 18일 기한으로 말을 듣지 않은 학생 23명은 '등교정지' 1~3일을 받은 내용을 생활기록부에 기록했다.

사건이 자주 일어나는 곳이 학교이다. 특히 남학교는 학생들의 다툼이 자주 일어난다. 학교는 일반 사법기관이 아니다. 교육기관이다. 예를 들어 폭행사건이 있을 때 피해학생도 가해학생도 우리 학생이다. 그러므로 학교에서는 둘의 관계가 회복되기를 바라고 관대하게 할 경우가 있다. 이럴 때면 학교에서 사건을 은폐하려고 한다고 항의하는 경우가 많다. 현장에서는 '비 온 뒤 땅 굳는다.' 는 말처럼 둘의 관계를 잘 해결하여 관계가 좋아지도록 노력하며, 실제로 그런 경우를 많이 본다. 학생이 어리면 어릴수록 그 회복기 간이 짧아진다. 그러나 가면 갈수록 그 한계를 느낀다. 우리나라도 학교의 사건을 교사가 아닌 경찰에 의뢰할 날이 멀지 않은 것 같다.

위의 예들은 학교의 권위를 말해주는 단편적인 사건이다. 이는 학교 교육이 얼마나 힘들어지는지를 단적으로 이야기해 주고 있 는 것이다. 퇴임을 앞두고 주위의 많은 분들이 '퇴임의 아쉬운 마 음'을 위로하는 말을 한다. 그러나 제 주변의 많은 퇴임 교장 선배 들의 말을 들어보면 한결같은 대답이 '시원하다.', '홀가분하다.' 이다. 왜, 학교가 떠나고 싶은 곳이 되어 갈까?

미래 국가의 장래를 위하여 학교의 권위를 세우는데 최선을 다 해 주기 바란다.

* 근접발달이론 : 혼자서는 해결할 수 없지만 나보다 잘하는 동료나 집단과 같이 있으면 상호
  작용에 의하여 해결할 수 있다는 사회집단학습을 주장한 이론.

[저자 연보]

• 1949년 3월 20일 충청남도 청양군 목면 안심리 362에서 아버지 유영식(柳英植)과 어머니 신영애(申令愛)의 4남1녀 중 장남으로 출생.
• 아호 : 향민(鄕旻)
• 본명 : 유병철(柳炳哲)
• 주소 : 인천광역시 서구 연희동 762-2. 청라지구 중흥 S-class 263동 2302호

[학 력]

· 1955. 04~1961. 03. 청양목면초등학교 졸업(23회)
· 1961. 04~1964. 03. 인천대건중학교 졸업(16회)
· 1964. 03~1967. 02. 인천고등학교 졸업(66회)
· 1969. 03~1976. 02. 건국대학교 경제학과 졸업
· 1994. 03~1996. 08. 인하대학교 교육대학원 졸업

[경 력]

· 1977. 09. 28~1979. 03. 11 선인중학교 교사(선인재단법인)
· 1979. 03. 12~1988. 02. 28 인천대건중학교 교사(가톨릭재단법인)
· 1988. 03. 01~1993. 02. 28 용현여자중학교(인천광역시교육청)
· 1993. 03. 01~1998. 02. 28 부광여자고등학교 교사(인천광역시교육청)
· 1998. 03. 01~1999. 02. 28 교동고등학교 교사(인천광역시교육청)
· 1999. 03. 01~2002. 02. 28 강화여자고등학교 교사(인천광역시교육청)
· 2002. 03. 01~2005. 08. 31 검단고등학교 교감(인천광역시교육청)
· 2005. 09. 01~2009. 02. 28 서운중학교 교장(인천광역시교육청)
· 2009. 03. 01~2011. 08. 26 계양고등학교 교장(인천광역시교육청)

[수 상]

· 1983. 12. 31 학교정화유공 표창(인천광역시 교육감)

· 1990. 9. 24 제9회 인천직할시 미술대전 서예 입선

· 1991. 6. 14 제10회 인천광역시 미술대전 서예 입선

· 1991. 08. 제11회 현장교육연구 / 2등급(인천광역시대회)

· 1995. 12. 31 민주시민교육 유공교원표창(교육부장관)

· 1998. 02. 14 교수학습개발 특별연구 교사 / 1등급(인천광역시교육청)

· 1998. 10. 교육용s/w 공모전 / 3등급(인천광역시대회)

· 1999. 02. 28 표창장 /교실수업 혁신의 교수·학습개선(인천광역시 교육감)

· 1999. 10. 교육용s/w 공모전/ 1등급(인천광역시대회)

· 1999. 12. 31 99전국교육용 소프트웨어 공모 / 1등급(한국교육개발원)

· 2008. 05. 15 교육공로 표창장(한국교총)

· 2010. 08. 제8회 한국삼락회 사도대상(한국삼락회)

· 2011. 05. 31 제22회 경기일보 사도대상(경기일보)

[가 족]

· 1978년 5월 21일 부인 김혜성(金彗星)과 결혼하다.

· 1979년 4월 1일 장남 유성곤(柳盛坤)을 낳다.

· 1980년 4월 26일 차녀 유 미(柳 美)를 낳다.

· 2005년 3월 30일 부친 유영식(柳英植 :

· 1921년 7월 22일 생 / 2005년 3월 30일 몰) 타계하다.

· 2011년 1월 29일 차녀 유 미 사위 한주형(韓柱亨)과 혼례를 올리다.

· 2011년 8월 26일 현재, 어머니 신영애(申令愛 : 1925년 3월 16일 생)은 용현동, 부인 김혜성(김彗星), 장남 유성곤(柳盛坤)은 인천광역시 서구 연희동 762-2 청라지구 중흥 S-class 263동 2302호 에서 살고 있다.